YSGRIFA

YSGRIFAU BEIRNIADOL XXVIII

Golygydd:

Gerwyn Wiliams

Golygydd Ymgynghorol:

Gwyn Thomas

Bwrdd Golygyddol:

GWASG GEE (CYHOEDDWYR) CYF.

www.gwasggee.com

ⓗ Gwasg Gee (Cyhoeddwyr) Cyf.

Argraffiad Cyntaf 2009

ISBN 10: 1-904554-03-2

ISBN 13: 978-1904554-03-5

Cyhoeddir y gyfrol hon gyda chymorth ariannol oddi wrth
Gyngor Llyfrau Cymru

Argraffwyd gan Wasg Gomer, Llandysul.
Cyhoeddwyd gan Wasg Gee (Cyhoeddwyr) Cyf.

CYNNWYS

HOLI MEIC POVEY   9
Anna Michelle Davies

'MEGIS ARCHOLL YW 'NGHOLLED':   21
MARWNADAU MAMAU I'W PLANT
Cathryn A. Charnell-White

BREUDDWYDIO'R PAITH: 47
LLENYDDIAETH Y WLADFA 1880-1945
Paul W. Birt

'GWEITHIAU TROTHWYOL': FFUGLEN ANGHARAD   72
TOMOS AR DROTHWY'R 1990AU
Awel Mehefin Jones

YSTRYDEBAU ETHNIG ISLWYN FFOWC ELIS   95
Simon Brooks

'ANIFEILIAID SY'N SIARAD':   121
FFUGLEN ANTHROPOMORFFIG
Lynn Elvira Phillips

CYFRANWYR

Dr Paul W. Birt: graddiodd o Brifysgol Cymru, Llanbedr Pont Steffan a chyhoeddwyd ffrwyth ei ymchwil ddoethuriaethol yn 1997 sef *Cerddi Alltudiaeth: Thema yn Llenyddiaethau Québec, Catalunya a Chymru.* Cyhoeddodd *Bywyd a Gwaith John Daniel Evans, El Baqueano* yn 2002. Erbyn hyn mae'n Athro Astudiaethau Celtaidd ym Mhrifysgol Ottawa.

Dr Simon Brooks: cyhoeddodd *O Dan Lygaid y Gestapo: Yr Oleuedigaeth Gymraeg a Theori Lenyddol yng Nghymru* yn 2004 ac fe'i rhoddwyd ar Restr Hir Llyfr y Flwyddyn 2005. Ar ôl degawd yn golygu'r misolyn *Barn*, y mae bellach yn Ddarlithydd yn Ysgol y Gymraeg, Prifysgol Caerdydd. Eleni, fe gyhoeddir cyfrol o'i ysgrifau gwleidyddol a diwylliannol, *Yr Hawl i Oroesi.*

Dr Cathryn A. Charnell-White: graddiodd ac ennill PhD o Adran y Gymraeg, Prifysgol Aberystwyth. A hithau'n gweithio fel Cymrawd Ymchwil yn y Ganolfan Uwchefrydiau Cymreig a Cheltaidd yn Aberystwyth, ymhlith ei chyhoeddiadau mae *Beirdd Ceridwen: Blodeugerdd Barddas o Ganu Menywod hyd tua 1800* (2005) a *Bardic Circles: National, Regional and Personal Identity in the Bardic Vision of Iolo Morganwg* (2007).

Anna Michelle Davies: un o Grymych, Sir Benfro a raddiodd mewn Cyfathrebu ym Mhrifysgol Bangor. Yno hefyd yr enillodd MA am astudiaeth o ddramâu teledu Meic Povey, ac mae hi ar hyn o bryd yn ymchwilio ar gyfer doethuriaeth i agweddau ar gyfresi dramâu teledu Cymraeg.

Awel Mehefin Jones: brodor o Uwchaled a raddiodd mewn Cymraeg ym Mhrifysgol Caerdydd cyn mynd ati i ymchwilio ar gyfer MPhil ym Mhrifysgol Bangor dan y teitl 'Yr Awdures Aflonydd: Astudiaeth o Ffuglen Angharad Tomos (1975-2004)'. Mae hi'n gweithio ar hyn o bryd fel Swyddog Dehongli i Awdurdod Parc Cenedlaethol Eryri.

Dr Lynn Elvira Phillips: dysgodd Gymraeg ar ôl mudo o Lundain i Gymru. Ar ôl graddio yn Ysgol y Gymraeg, Prifysgol Bangor, enillodd MA gyda thrafodaeth ar agweddau ar waith Mihangel Morgan ac yna PhD am ei thraethawd, 'Agweddau ar afrealaeth yn ffuglen Gymraeg yr ugeinfed ganrif'. Mae hi bellach yn cadw swyddfa bost yng Nghonwy.

HOLI MEIC POVEY

gan *Anna Michelle Davies* *

Anna Michelle Davies: I gychwyn, beth yw'ch barn gyffredinol am y ddrama deledu unigol? A oes lle i'r math hwn o ddrama ar S4C heddiw?

Meic Povey: Oes, yn bendant. Ond dydyn nhw ddim yn gwneud dramâu unigol - nid yn unig S4C, ond ITV a BBC hefyd; dydi hi ddim yn ffasiynol i'w gwneud nhw. Y rheswm am hynny ydi costau. Mae'n llawer mwy cost-effeithiol i wneud cyfres - os nad ydyn nhw'n gwneud *special* fel sy'n digwydd yn Saesneg, fel dwyawr nos Sul a nos Lun, sef stori sy'n ymestyn dros ddwy noson. Yn sicr, dydi hynny ddim yn digwydd ar S4C achos ei fod o'n ddarlledwr bach. Mae'n fater o gost yn fwy na dim byd, ond o ran egwyddor, mae hi fel petai celfyddyd y ddrama deledu unigol wedi marw allan dipyn bach a dydi sgrifenwyr newydd ddim yn cael eu meithrin i ddweud stori mewn awr yn hytrach na chwe awr.

AMD: Cawsoch eich magu mewn cyfnod pan oedd y ddrama deledu unigol yn ei hanterth. Sut ydych chi'n ymateb wrth i bobl enwi rhai fel Dennis Potter, Alan Bleasdale a Jimmy McGovern fel rhai o arloeswyr y ddrama?

MP: Mi oedden nhw. Ac mi oedd rhywun fel Dennis Potter yn arbennig. Dim ond i Potter ddweud "Dwi'n mynd i sgrifennu drama" – ac rydan ni'n sôn yn benodol am y 1960au, ac mi sgrifennodd o dros ddeg ar hugain ohonyn nhw, heb sôn am y cyfresi sgrifennodd o hefyd - ac mi oedd y pethau yma'n cael eu gwneud. Yr adeg honno roedd patrwm darlledu mor wahanol ac roedd ganddyn nhw gynhyrchwyr cryf a dydi hynny ddim wastad yn wir heddiw. Ond yn sicr, mi faswn i'n dweud mai Dennis Potter ydi tad y ddrama deledu unigol yn Saesneg.

---

* Adysgrif o gyfweliad a gynhaliwyd 16 Gorffennaf 2007.

AMD: Pwy ydych chi'n eu hystyried yn awduron llwyddiannus ar gyfer y teledu?

MP: Mae Bleasdale a McGovern yn llwyddiannus, ac er bod ei stwff hi'n wahanol, Linda La Plante - mae'n rhaid i chi ei chydnabod hi. Ond mae lot o bobl yn sgrifennu'n unigol - a dydw i ddim yn diystyru opera sebon chwaith, yn enwedig rhaglen fel *Coronation Street* lle cewch chi sgrifennu bendigedig. Felly mae ganddoch chi ryw hanner dwsin o sgrifenwyr da iawn. Ond mae'n lot anoddach heddiw i gael stwff wedi'i ddarlledu a does ganddoch chi ddim y slot i ddarlledu - fel yr *Armchair Theatre* yn y 1960au a'r *Wednesday Play.* Ac yn sicr dydi hynny ddim yn digwydd yn Gymraeg. Ac eto, ar ddiwedd y 1960au a dechrau'r 1970au pan ddechreues i weithio gyda theledu, roedd yna lwyth o ddramâu unigol yn cael eu gwneud, yn enwedig gan y BBC. Ac ar ddechrau S4C, yn sicr yn ystod y deng mlynedd cyntaf, roedd yna lwyth o ddramâu unigol yn cael eu gwneud, ond maen nhw'n brin iawn, iawn heddiw. Heblaw efallai am ambell i ffilm - ond dramâu ar ffilm ydyn nhw a bod yn onest - ac mi gewch chi ambell un adeg y Nadolig, ond dydi hynny ddim wedi bod yn digwydd yn ddiweddar chwaith.

AMD: Wrth droi at eich gwaith fel dramodydd, pwy sydd wedi dylanwadu arnoch chi? A osododd y cyfnod cynnar hwnnw a dreulioch chi'n gweithio ar *Pobol y Cwm* sylfaen gynnar ar gyfer y gweithiau naturiolaidd rydych chi wedi eu sgrifennu?

MP: Mae'n rhaid i chi gofio mai dim ond pedair ar hugain oeddwn i'n dechrau gweithio gyda *Pobol y Cwm.* Roedd yna hefyd ddylanwadau lot cyn *Pobol y Cwm.* Roeddwn i wedi gweithio chwe blynedd cyn hynny yn broffesiynol, a'r theatr oedd y dylanwad cyntaf arna'i, sef y Cwmni Theatr Cymru newydd yn 1968. Roedd dramodwyr fel Pinter ac Ionesco, Edward Albee a Gwenlyn Parry, yn ddylanwadau. Roedd *Tŷ ar y Tywod* yn un o'r dramâu cyntaf i mi weithio arni fel llwyfannwr, tua 1968. Doeddwn i ddim yn adnabod Gwenlyn bryd hynny wrth gwrs - ddois i ddim i'w nabod o am bum mlynedd wedyn - ond dyna'r dylanwadau cynnar. Ond hefyd, yn nes at adref, pan oeddwn i'n dal yn yr ysgol ac yn gweithio ym Mhorthmadog, cyn mynd at Gwmni Theatr Cymru, roeddwn i'n aelod o Gwmni'r Gegin yng Nghricieth a oedd yn gwmni dylanwadol iawn yn y 1960au. Roedd Elis Gwyn Jones, Wil Sam, Stewart Jones, Guto Roberts - y rhain i gyd yno, felly roedd Wil Sam yn ddylanwad cryf yr adeg honno.

AMD: Mae Gwenlyn Parry a Wil Sam yn ddeialogwyr cryf. O ran y cymeriadu a'r ddeialog, rydych chi yn yr un cae â hwy. Ond mae'n ymddangos nad ydych chi wedi mynd ati i arbrofi rhyw lawer gyda thechnegau teledu a llwyfan ac nid oes elfennau swrreal yn ymddangos yn eich gweithiau. Ai'ch bwriad gwreiddiol oedd cadw at y naturiolaidd?

MP: Rydw i wedi trio arbrofi i ryw raddau bach efo peth stwff theatr ond wedi ffeindio nad ydi o'n gweithio i mi. Mae gan Gwenlyn a Wil Sam y ddawn i ddod â'r natur swrreal yma i'r ddrama, er mai sefyllfa bob dydd ydi hi. Mae'r elfennau swrreal yma'n dod iddi, ac yn fwyfwy yng ngwaith teledu Gwenlyn Parry roedd yna syniadau swrreal iawn. Ond rydw i wedi mynd yn ôl ac yn ôl dros y blynyddoedd at y naturiolaidd am mai dyna sy'n fy siwtio i. Efo hynny yr ydw i fwyaf cyfforddus a dyna'r ffordd rydw i'n medru dweud stori orau.

AMD: Un sy'n feistr ar ddeialogu ac yn tueddu i sgrifennu am bynciau a themâu arbrofol a thabŵ yw Aled Jones Williams. A yw'n deg gwneud cymhariaeth rhwng eich gwaith theatr chi a'i waith ef?

MP: Rydw i'n edmygu sgrifennu Aled yn fawr iawn - mae o bron yr unig un yng Nghymru ar hyn o bryd rydw i'n ei edmygu - ond mae'n rhaid i mi ddweud, heblaw am y dafodiaith (sydd ddim cweit yr un fath ond yn reit agos) rydyn ni'n ddau ddramodydd gwahanol iawn. Mae yna bethau penodol iawn, iawn yn gyrru Aled - crefydd, alcoholiaeth, yr holl *demons* sydd ganddo fo'n bersonol - ac mae yna bethau sy'n fy ngyrru fi hefyd, ond nid yr un pethau ydyn nhw. Mewn un ystyr mae o'n ddramodydd eithafol iawn - o ran y pynciau a'r ffordd y mae o'n ymdrin â nhw - ac mae peth o fy ngwaith i'n medru bod yn eithafol, ond faswn i'n bersonol ddim yn mynd â'r gymhariaeth yn bellach na hynny. Mae o'n ddramodydd athronyddol, dydw i ddim; rydw i'n ddramodydd greddfol. Dydw i ddim yn trio athronyddu, y cwbl rydw i'n ei wneud - neu'n trio'i wneud - ydi dweud stori efo cymeriadau cryf. Rydw i'n credu y dylai'r neges ddeillio'n naturiol o'r stori rydych chi'n ei dweud a'r cymeriadau - a'r sefyllfaoedd y mae'r cymeriadau'n ffeindio'u hunain ynddyn nhw - ac nid rhywbeth y mae'r dramodydd yn ceisio'i ddweud. Ac mae hynna'n wendid - nid yn achos Aled, ga'i bwysleisio - ond yn achos rhai o sgrifenwyr Cymraeg y theatr ar hyd y blynyddoedd lle mae yna ormod o athronyddu a gormod o lais y dramodydd yn hytrach na bod y cymeriadau yn cyfleu unrhyw fath o syniadau yn naturiol.

AMD: Yn gyffredinol, mae'ch cynnyrch teledu unigol a pheth gwaith llwyfan yn dywyll: ai gweledigaeth dywyll sydd gennych chi?

MP: Ie, mae arna'i ofn - pesimistaidd a thywyll! Ond beth fydda i'n trio'i wneud ydi cynnwys lot o hiwmor hefyd. Mae o'n ddu ac yn sinigaidd, ond mae hiwmor ym mhob dim rydw i'n ei sgrifennu. Yn aml iawn y ffordd orau, os ydych chi am drosglwyddo neges, ydi drwy hiwmor. Mae'r ffordd rydw i'n ei gweld hi'n aml yn ddu ac yn besimistaidd iawn, ond mae yna elfen o hynny ym mhob dramodydd neu fasa nhw ddim yn sgrifennu. Does mo'r ffasiwn beth â drama neu stori hapus. Mae'n rhaid i chi gael gwrthdaro. Heb wrthdaro does gennych chi ddim drama, felly er mwyn cael gwrthdaro mae angen elfen o anhapusrwydd a duwch a phesimistiaeth. Erbyn hyn, does gen i ddim ots am farn dramodwyr eraill. Erbyn hyn, rydw i'n torri fy rhych fy hun. Os ydw i'n sgrifennu a phobl yn dal eisiau gweld y gwaith ac yn dal eisiau comisiynu – iawn; ond os dydyn nhw ddim - dydyn nhw ddim. Yn y cyfnod hwn lle rydw i, mae'n rhaid i mi sgrifennu i blesio fy hun. Os ydych chi'n sgrifennu ar gyfer eraill neu gyda chynulleidfa mewn golwg, mae'n bryd i chi stopio. Peth arall ydi cyflwyno drama i gyfarwyddwr neu gynhyrchydd a hwnnw'n llywio pethau - mae hynna'n beth hollol wahanol - ond i gychwyn, yn y broses gychwynnol, sgrifennu ar eich cyfer chi'ch hun rydych chi.

AMD: Faint o gyfaddawdu sydd wedi bod wrth weithio ar y teledu?

MP: Dyna'r gwahaniaeth mawr i mi rhwng sgrifennu teledu a theatr. Dyna'r prif reswm pam rydw i'n sgrifennu lot o theatr, achos dydi'r rhan fwyaf o bethau rydw i'n eu sgrifennu ar gyfer y theatr - nid o ran yr iaith na'r cynnwys ond o ran y ffurf a phob dim - ddim yn addas ar gyfer y teledu. Teledu rydw i wedi sgrifennu fwyaf, wrth gwrs, achos dyna fy mara menyn i, ond yn achos teledu mae o'n llawer mwy o waith tîm. Rydw i bob tro'n gweithio'n glòs iawn gyda chynhyrchydd ac mae gennych chi'r actorion ac mae yna dîm, ac mae tipyn o gyfaddawdu'n gorfod digwydd. Mae yna lot mwy o gyfaddawdu a lot mwy o ailysgrifennu mewn teledu, a'r rheswm am hynny yw'r gost. Mae teledu mor gostus ac mae cymaint o gyfrifoldeb ar wahanol bobl oherwydd y cyllid felly rydych chi'n gorfod gwyro lot mwy. Dyna pam rydw i'n dal i leicio'r theatr. Rydw i'n sgrifennu rhywbeth rŵan ar gyfer Cefin Roberts ac mae rhyw fath o sgwrs yn digwydd efo Cefin i gychwyn, ond ers misoedd rŵan rydw i wedi bod yn sgrifennu ar fy mhen fy hun heb ymyrraeth. Mi fydd Cefin yn ymyrryd yn nes ymlaen pan welith o'r sgript, ac mi fydd yna ail ddrafft ac yn y blaen, ond mae'r broses greadigol yn perthyn i fi, ac rydw i'n gwarchod hwnna a dim eisiau ei golli. Mae yna bethau y medra i eu sgrifennu ar gyfer y theatr na fedra i ddim eu darlledu; faswn i ddim yn sgrifennu'r math o bethau rydw i'n eu sgrifennu ar gyfer y teledu ar gyfer y theatr chwaith. Mae yna ormod o hynny hefyd heddiw, ond a bod yn deg, mae'r rhan fwyaf o sgrifenwyr ifanc heddiw yn cael eu meithrin ar y teledu heb gael unrhyw brofiad theatr o gwbl – profiad yr oeddwn i'n lwcus iawn i'w gael - ac felly pan maen nhw'n mynd ati i drio sgrifennu drama lwyfan, be gewch chi yw cyfres o olygfeydd byrion fel petaen nhw'n sgrifennu ar gyfer y teledu, ac mae hynny wedi cael effaith ddrwg ar y theatr.

AMD: Roedd ail gyfres *Talcen Caled* yn ysgafnach na'r gyfres gyntaf: ai esblygiad naturiol oedd hynny neu a oedd dylanwad allanol i'w gyfri am y newid hwnnw?

MP: Mae'n rhaid cofio bod pum cyfres o *Talcen Caled* wedi'u darlledu. Felly rydw i'n meddwl bod rhaid barnu *Talcen Caled* ar sail y pum cyfres achos yn sicr roedd y bumed gyfres yn well na'r bedwaredd gyfres a'r bedwaredd yn well na'r drydedd ac yn y blaen. Roedd y gyfres gyntaf yn galed iawn ond rydw i'n meddwl mai rhywbeth hollol naturiol oedd hynny. Dyna'r peth anoddaf am sgrifennu cyfresi - trio ffeindio'r cymeriadau yn y bennod gyntaf; mae o'n anodd iawn, iawn. Dyna pam na welwch chi bennod gyntaf dda - mae'n beth prin iawn. A dyna pam maen nhw'n gyfresi - maen nhw'n pigo i fyny. Doedd y cymeriadau yn y gyfres gyntaf o *Talcen Caled* heb gweit ffeindio'u traed. Fe wna'i roi enghraifft dda o'r hyn rydw i'n ei feddwl. Roedd cymeriad o'r enw Meic Parry wnaeth droi allan i fod y cymeriad mwyaf poblogaidd erbyn y bumed gyfres, ond yn y gyfres gyntaf, dim ond rhyw ddwy neu dair pennod oedd ganddo fo ac am ychydig bach yn y penodau hynny. Ond fe welon ni fod rhywbeth bach amdano fo oedd yn cydio, a thrwy berfformiad yr actor a'r hyn roeddwn i'n medru ei wneud, datblygodd y cymeriad, ac mi ddaeth o'n ffrindiau efo Les ac mi weithiodd y cyfan. Mae'n rhaid i mi gyfaddef, roedd Alun Ffred, y cynhyrchydd - ac roedd o'n iawn i ddweud hefyd - yn dweud yn gyntaf, cyn dechrau cyfres, fod angen hiwmor: "Cofia'r hiwmor!" Felly rydw i wedi cofio hynny, ond mae cael y balans yn anodd achos rydw i wedi gweld rhai cyfresi sydd wedi dechrau'n reit galed yn mynd yn *sitcoms* bron iawn am eu bod nhw'n cynnwys gormod o hiwmor ac felly'n colli'r hyn oedd ganddyn nhw oedd yn eu gwneud nhw'n atyniadol yn y lle cyntaf. Rhywbeth greddfol ydi o a dyna'r fantais, ac rydw i mor ddiolchgar fy mod i wedi cael cyfle i sgrifennu pum cyfres o *Talcen Caled* ac nid dwy, achos erbyn i mi gyrraedd y bumed, roedd y peth wedi aeddfedu cymaint. A dyna bwrpas cyfres: os na fyddai hi wedi aeddfedu mi fuasai rhywbeth o'i le. Rhywbeth anymwybodol ydi o, mae pawb yn tyfu efo'i gilydd, yn sgrifenwyr, yn actorion, yn gynhyrchwyr. Rydw i'n mynd yn ôl at y gwaith tîm yma, felly mae'n rhaid i bethau ddatblygu. Gan amlaf partneriaeth sydd rhyngof i a'r cynhyrchwyr yn hytrach na pherthynas bòs a gwas.

AMD: A ydych chi'n meddwl bod eich gwaith fel actor yn gymorth i chi fel dramodydd o ran gwybod beth sy'n gweithio a sut mae cymeriadau'n meddwl? Pam y penderfynoch chi berfformio yn eich dramâu eich hun?

MP: Does yna ddim dirgelwch mawr yn hyn. Rydw i'n credu na fasa dim gwahaniaeth o gwbl o ran cymeriadu petawn i wedi bod yn glown yn y syrcas at hynny, ond o ran deialogu, rydw i'n siŵr fod actio wedi bod yn help. Pan ydw i'n sgrifennu rydw i'n actio'r rhan allan fy hun o hyd. Rydw i'n mynd dros y golygfeydd yn uchel, yn eu hactio nhw, achos mae fy nghlust i fel actor yn gallu dweud wrtha'i beth sy'n gweithio a beth sydd ddim yn gweithio - y rhythmau a phatrymau'r ddeialog ac yn y blaen. Tan ryw ddeng mlynedd yn ôl roeddwn i'n actio cymaint ag oeddwn i'n sgrifennu - roedd o ryw hanner a hanner - felly roedd o'n naturiol pan oeddwn i'n sgrifennu rhywbeth imi gymryd rhan ynddo hefyd. Doedd pawb ddim yn gyfforddus efo hynny achos dydi unrhyw gynhyrchydd na chyfarwyddwr, dim ots beth maen nhw'n ei ddweud wrthych chi, ddim yn leicio cael awdur mewn ymarfer. Felly os oeddwn i'n actio mi faswn i yn yr ymarfer hefyd, ond yn achos *Sul y Blodau* yn arbennig, gyda fy mod i'n dechrau ymarfer, roeddwn i'n gwisgo fy het actor ac yn cwyno yr un fath â phawb arall. O ran deialogi, ydi, mae actio wedi cael effaith arna'i, ond mae'n rhaid i chi gofio hefyd, yn y 1970au, nad oedd dim hanner cymaint o actorion ag sydd i'w cael rŵan. Yn aml iawn doedd neb ar gael, felly roedd hi'n gwneud synnwyr i fy nghastio i.

AMD: Rydych chi newydd sôn am *Sul y Blodau*. Mae euogrwydd yn thema gyson yn eich gwaith, yn enwedig euogrwydd yn sgil gadael cynefin fel sydd yn y ddrama honno a *Nel*. Rydych chi wedi dweud droeon fod hyn yn deillio o brofiad personol. A ydych chi, fel Dennis Potter, wedi defnyddio'r ddrama i fynegi'ch euogrwydd fel math o gatharsis personol?

MP: Ydi, mae hynny'n wir. Dydi o ddim yn wir heddiw achos does gen i ddim ots, ond pan oeddwn i'n sgrifennu *Sul y Blodau* - ac mae'r thema yn lot o fy ngwaith i - pan oeddwn i'n sgrifennu honno, roeddwn i'n teimlo hynny. Rydw i o'r wlad yn y gogledd ac mae gen i lot o deulu yn y gogledd, ond rydw i wedi byw yma yng Nghaerdydd ers fy mod i'n un ar hugain oed. Yn y 1970au, pan oedd mudiadau fel Adfer mewn bri, roedd euogrwydd y dylwn i fynd yn ôl i'r wlad. Mae *Sul y Blodau* yn enghraifft dda am fod gennych chi'r ddau frawd yma - a fi yw'r ddau frawd. Fi ydi'r brawd sydd wedi gadael ac yn dod yn ôl ond hefyd fi ydi'r brawd wnaeth aros ar ôl. Hynny yw, rydw i'n dychmygu mai fel yna y buaswn i petawn i heb adael y gogledd a dod i lawr ffordd hyn. *Sul y Blodau* ydi'r enghraifft orau o hynna'n digwydd rydw i'n meddwl.

AMD: Yn rhagair *Hen Bobl Mewn Ceir* rydych chi'n dweud taw rhyw a marwolaeth sy'n gyrru pawb yn y bôn. Oes rhywbeth arall o gwbl y gallwch chi ychwanegu atynt wrth ystyried eich cymeriadau teledu - brogarwch, er enghraifft?

MP: Mae o'n dibynnu lle rydych chi'n byw, yntydi? Rydw i'n teimlo, achos y ffordd rydw i wedi byw fy mywyd - a'r rheswm y dois i Gaerdydd gyntaf oedd gwaith - ond rydw i'n ymwybodol iawn, petawn i wedi aros yn y gogledd a heb ddod i fyw yma o gwbl, rydw i'n gwybod y baswn i wedi bod yn sgrifennwr gwahanol iawn. Rydw i'n gwybod hynny. Sut un fyddwn i? Dydw i ddim yn gwybod. Ond faswn i ddim byd tebyg fel sgrifennwr a faswn i wedi sgrifennu pethau hollol wahanol. Mae Ed Thomas yn dweud - ac mae o'n swnio fel rhyw esgus - ond mae o'n dweud, "Cyflwr meddyliol ydi Cymreictod." Yr hynaf yn y byd rydw i'n mynd, y mwyaf rydw i'n cytuno efo hynny. Does dim ots lle rydych chi'n byw - fedrwn i fyth fyw tu allan i Gymru, mae hynny'n saff - ond o fewn Cymru, cyflwr meddwl ydi o. Ac er bod byw yn fan hyn yn rhywbeth artiffisial iawn, pwy sydd i ddadlau ble mae pawb i fyw? Mae mwy o Gymraeg yma ym Mhontcanna nag mewn ambell le yn y gogledd fel Cricieth neu Garndolbenmaen.

AMD: Mae rhai o'ch dramâu gorau'n trafod cymeriadau'n dychwelyd i'w cynefin - *Yr Hen Blant, Wyneb yn Wyneb, Sul y Blodau, Nel.* Gellir dweud mai chi yw Olwen yn dychwelyd i ogledd Cymru yn *Nel.* Sut ydych chi'n ymgadw rhag sentimentaleiddio'r daith?

MP: Dydw i ddim yn gwybod. Dydi o ddim yn rhywbeth rydw i'n ei wneud yn ymwybodol. Fel yna rydw i'n sgrifennu. Dydw i byth yn mynd trwy rywbeth a dweud ei fod o'n rhy sentimental neu'n rhoi gormod o neges ynddo: mae rhyw synnwyr ynof i sy'n dweud wrthyf fi fy hun i beidio â'i sgrifennu o yn y lle cyntaf. Dweud y stori sydd yn bwysig ac i ryw raddau rydw i'n credu fy mod i'n llwyddo i beidio â sentimentaleiddio gormod. Ond dydi o ddim yn rhywbeth ymwybodol. Os ydych chi'n dechrau meddwl gormod am beth yr ydych chi'n ei wneud, dydi o ddim yn gweithio. Sgrifennu'r hyn mae'r cymeriadau'n ei deimlo yr ydw i. Dyna pam mae'r broses o sgrifennu drama lwyfan yn un mor hir - mi fydda i'n sgrifennu nodiadau am o leiaf flwyddyn cyn dechrau sgrifennu. Mae'r ddrama bresennol sydd gen i'n dyddio o ddiwedd 2005 felly mae'n broses hynod o hir a fydd hi ddim wedi ei gorffen am fis neu ddau arall - a'r drafft cyntaf fydd hwnnw. Y peth pwysig i mi ydi cael y stori - rydw i'n canolbwyntio cymaint ar hynny, ac mae rhywbeth ynof fi sy'n torri sentimentaliaeth a phregethu neges allan yn ystod y broses.

AMD: Rydych chi'n sôn bod y broses greadigol o greu drama yn un hir. Mewn cyfweliad yn 1998 fe ddywedoch chi mai o ganol y 1980au ymlaen yr ydych chi'n ystyried eich gwaith yn 'hanner da'. Ai'r adeg honno y dysgoch chi rywbeth am y broses o ddatblygu drama dda?

MP: Yr hyn rydw i'n ei feddwl ydi eich bod chi'n mynd yn well wrth i chi fynd yn eich blaen. Mae hi'n ystrydeb ofnadwy ond mae hi'n wir: y ddrama nesaf fydd y ddrama orau y byddwch chi'n ei sgrifennu. Mae'n rhaid i chi edrych arni fel'na. Y funud y bydda i'n gorffen efo'r ddrama bresennol mi fydda i'n dechrau edrych ymlaen at y nesaf a chwilio am syniadau. Mae'n rhaid i chi wella. Roedd *Sul y Blodau* yn 1986 yn rhyw fath o drobwynt i mi. Roeddwn i'n dechrau teimlo yn *Sul y Blodau* fy mod i'n dechrau ffeindio'r ffordd i ddweud stori'n iawn. A'r rheswm am hynny ydi fy mod i wedi dechrau gweld pwysigrwydd y teulu: y teulu yw corff ac injan *Sul y Blodau*, drwy'r teulu rydw i'n dweud y cyfan, ac mae'r teulu'n feicrocosm o'r genedl. Wrth edrych yn ôl mae rhai pethau y baswn i'n eu torri ohoni ond mae 75 y cant ohoni'n gweithio'n o lew, ac wrth edrych yn ôl rydw i'n dechrau teimlo mai dyna pryd y dechreuais i ffeindio sut i ddweud stori.

AMD: Pa weithiau yr ydych chi'n teimlo'n fwyaf balch ohonynt?

MP: Heblaw am *Deryn*, cyfres yn y 1980au y gwnes i ei chyd-sgrifennu efo Mei Jones, *Talcen Caled*, *Nel* a *Sul y Blodau*. Wrth gwrs, mae rhai o'r lleill yn iawn, ond heblaw am y rhai yna, y stwff theatr sy'n bwysig i fi. Petawn i'n gallu gwneud bywoliaeth efo gwaith theatr mi faswn i'n gwneud hynny a faswn i ddim yn poetsio efo'r teledu. Petai gen i ddewis, y llwyfan fyddai'n ennill. Pe bai rhywun yn gofyn i mi beth fyddwn i'n hoffi cael fy nghofio amdano, byddwn i'n dweud y stwff theatr, ac rydw i'n falch o'r cyfan. Rydw i'n un o ddeg o blant, a byddai Mam wastad yn dweud nad oedd ganddi ffefryn, ac rydw i'n teimlo'r un fath am fy nramâu llwyfan. Rydw i'n eu leicio nhw i gyd, maen nhw'n blant i fi i gyd.

AMD: Un o'ch dramâu llwyfan cynnar chi yw *Y Cadfridog*. Pam mynd ati i ddarlledu drama lwyfan ar y teledu?

MP: Wel, ar ddechrau S4C doedd dim llawer o awduron a dim llawer o stwff i'w ddarlledu, ac fe ddigwyddodd yr un peth droeon ar ddechrau'r sianel. Rhyw ddeng mlynedd yn ôl cafodd lot o ddramâu llwyfan eu dangos ar S4C Digidol - *Fel Anifail*, *Perthyn*, *Wyneb yn Wyneb* - ond wrth gwrs, roedd *Y Cadfridog* ar deledu analog bryd hynny. Roeddwn i'n gweithio gydag Alan Clayton ar y pryd a dydw i ddim yn cofio'r rhesymeg, ond fe ddaeth y syniad ac fe es i ati i'w haddasu hi.

AMD: Petai chi yn yr un sefyllfa heddiw, a ydych chi'n cytuno y dylai dramâu llwyfan gael eu darlledu ar y teledu? Oni ddylid eu cadw ar wahân gan mor wahanol yw'r ddau gyfrwng?

MP: Os oes ganddoch chi ddrama lwyfan naturiolaidd a dim ond un set, mae'n rhaid meddwl am y gynulleidfa. Dydych chi ddim eisiau i bobl ddiflasu. Roeddwn i'n gweithio ar *Pobol y Cwm* yn 1974 ac mae gen i dâp o un bennod a sgrifennais: o gymharu â gwaith heddiw, mae o mor araf ac mae'r golygfeydd mor hir. Ond os edrychwch chi ar *Diwedd y Byd* lle mae llawer yn digwydd ac maen nhw allan ar y mynydd ac rydych chi'n ei haddasu hi dipyn, mae hynna'n rhywbeth gwahanol. Ond dydw i ddim yn meddwl ei fod o'n syniad da i gynulleidfa fodern heddiw i addasu drama lwyfan am y rheswm syml hwn: mae pobl wedi mynd allan o'r arfer o wylio dramâu unigol. Ac mae llai a llai o bobl yn mynd i'r theatr i weld dramâu ta beth, heb sôn am eu bwlio nhw i wylio un ar y teledu.

AMD: Ble mae comedi'n plethu ei ffordd i mewn i'r cyfan?

MP: Rydw i'n leicio sgrifennu hiwmor. Rydw i'n meddwl bod drama gomedi'n wahanol iawn i gomedi sefyllfa ac roedd *Deryn* a *Cerddwn Ymlaen* - nad oedd mor llwyddiannus - yn ddramâu comedi. Dydw i ddim yn meddwl fod *Bob a'i Fam* wedi bod yn hollol lwyddiannus chwaith, ond rydw i'n hoffi sgrifennu comedi. Mae o'r peth anoddaf i'w wneud. Mae *sitcom* yn ofnadwy o anodd i'w wneud, nid yn unig yn Gymraeg ond ym mhob iaith. Petawn i'n gorfod dweud pa ddrama y gwnes i fwynhau ei sgrifennu fwyaf yna'r ddrama lwyfan *Bonansa* fyddai honno, a fi a'i cyfarwyddodd hi hefyd. Rydw i'n leicio comedi du, a sgrifennu'r math yna o gomedi, ac weithiau rydych chi ei angen o achos weithiau mae pethau'n mynd yn rhy drwm. Ewch chi fyth i weld drama theatr rydw i wedi ei sgrifennu heb chwerthin rywdro yn ystod y perfformiad.

AMD: Yn ddiweddar fe sgrifennoch chi'r dramâu llwyfan *Indian Country* a *Life of Ryan ... and Ronnie*. A yw sgrifennu yn Saesneg yn gofyn am feistrolaeth wahanol i sgrifennu yn

Gymraeg?

MP: Ddim o gwbl. Mae o'r un peth yn union ond mewn iaith wahanol. Faswn i ddim yn sgrifennu popeth yn Saesneg. Unwaith eto, mae *Indian Country* yn deillio o brofiad personol ond ei bod hi yn Saesneg. Drama Gymraeg yn Saesneg ydi hi ac mae *Life of Ryan ... and Ronnie* yr un peth. Roeddwn i'n sgrifennu tipyn i Sgript Cymru yng Nghaerdydd a Dalier Sylw cyn hynny ond doedd Simon Thomas ddim yn siarad Cymraeg ac roedd o'n gyfarwyddwr artistig yn Sgript Cymru. Rydw i'n gwneud fersiwn ffilm o'r ddrama Ryan a Ronnie yn Gymraeg ar hyn o bryd ar gyfer S4C ac rydw i'n meddwl fod *Indian Country* â sgôp i wneud yr un peth. Os newidiwch chi safbwynt *Indian Country*, o lygaid yr Americanwr i safbwynt y fam a'r mab, yna mae hi'n ffilm Gymraeg wedyn.

AMD: Beth yw'ch barn am gynnyrch teledu heddiw - yn Gymraeg yn arbennig? A ydych chi'n fodlon rhoi'ch pen ar y bloc ac enwi dramodwyr sy'n sgrifennu yn Gymraeg ar hyn o bryd yr ydych yn hoff o'u gwaith?

MP: Y peth ydi, nid yn unig o ran darlledu, ein bod ni'n genedl Gymraeg o bum can mil neu rywbeth felly, ac mae'n wyrthiol, nid yn unig ein bod ni'n gallu cynnal sianel deledu, ond yn gallu cynnal yr holl sefydliadau eraill yma hefyd. Mae gennym ni'r cyhoeddwyr a'r holl bethau yma'n mynd ymlaen, a phan ydych chi'n edrych ar y rybish sydd ar deledu heddiw, dydi'n rybish ni ddim gwaeth na gwell na rybish pawb arall. Wrth gwrs fod yna bethau gwael, ond mae yna bethau da hefyd. Ar y cyfan rydw i'n meddwl ein bod ni'n gwneud yn dda iawn. O ran sgrifenwyr, mae gennym ni rywun fel Siwan Jones, sydd yn sgrifennu'n dda iawn, a rhywun newydd fel Gwyneth Glyn sy'n sgrifennwr pwysig iawn ar hyn o bryd. Mae lot o sgrifenwyr da – ac rydw i'n mynd yn ôl at ddechrau'r sgwrs yma – nad ydyn nhw heb gael y cyfleoedd i wneud dramâu unigol, ac maen nhw'n sgrifennu ar gyfer *Pobol y Cwm*, *Caerdydd* a'r cyfresi eraill yma fel *Tipyn o Stad* ac yn y blaen. Rydw i'n gredwr cryf yn yr awdur unigol ac efallai nad oes digon o gyfleoedd i'r awdur unigol heddiw.

'MEGIS ARCHOLL YW 'NGHOLLED': MARWNADAU MAMAU I'W PLANT

gan Cathryn A. Charnell-White

Casglwyd ynghyd farwnadau beirdd proffesiynol ac amatur yr Oesoedd Canol i'w plant eu hunain yn y gyfrol *Galar y Beirdd: Marwnadau Plant* (1993). Llais y tad galarus a glywir yn y gyfrol honno ac yn y rhagymadrodd esbonnir llais tadol y cerddi yn nhermau'r newid a ddaeth i ran y teulu yn sgil y Pla Du: un o sgil-effeithiau'r pla, meddir, oedd atgyfnerthu'r rhwymau teimladol rhwng y tad a'i blant, gan osod sylfeini'r teulu teimladol modern.[1] Cynrychiola'r newid hwn chwyldro i ddynamig mewnol y teulu, oherwydd yn draddodiadol ystyrid gofal am fywyd emosiynol yr aelwyd yn rhan o swyddogaeth ddomestig y fam.[2] Yn y cyd-destun hwn, nododd Dafydd Johnston mai un o ystrydebau mwyaf cyffredin yr Oesoedd Canol oedd y fam yn galaru am ei phlentyn, ond serch hynny, ni chafodd teimladau'r fam lawer o sylw ym marwnadau'r beirdd Cymraeg i'w plant.[3] Cydnabyddir galar y fam ym marwnadau tadau i'w plant o gyfnod diweddarach – William Williams, Pantycelyn,[4] a Robert Williams (Robert ap Gwilym Ddu)[5]– ond bu'n rhaid aros tan y ddeunawfed ganrif i glywed llais y fam yn galaru'n hyglyw drosti hi ei hun mewn barddoniaeth Gymraeg.

Cedwir tua chant a thrigain o gerddi gan fenywod o'r Cyfnod Modern Cynnar (1500–1800). Yn eu plith ceir pymtheg marwnad, a thair ohonynt yn farwnadau gan fam-feirdd i'w plant eu hunain: Angharad James (1677–1749), Catrin Gruffudd (*fl.* 1730) a Susan Jones (*fl.* 1764). Y mae'r cerddi a drafodir yn yr ysgrif hon yn ffurfio gwrthbwynt gweddus i'r gyfrol *Galar y Beirdd* am eu bod yn trafod 'galar y beirdd benywaidd', neu'n symlach, 'galar mam'. Yn rhan gyntaf yr erthygl bwrir golwg ar gyd-destun cymdeithasol, rhyweddol (S. *gendered*) a generig y marwnadau. Yn yr ail ran, trafodir y marwnadau unigol yng ngoleuni'r syniadau hyn, gan ddangos sut yr oedd mynegi eu galar mewn barddoniaeth yn fodd i'r mamau gael goruchafiaeth arno.

Tair cerdd Gymraeg sy'n perthyn i'r *genre* arbennig hwn ac y maent i gyd yn gynnyrch y ddeunawfed ganrif. Y farwnad gynharaf yw cywydd Angharad James i'w mab, 'Cwyn Colled Angharad James ar ôl ei mab D[afydd] W[iliam], 1729'.[6] Gwyddys cryn dipyn o hanes Angharad James yn sgil ei hamlygrwydd yn ei bro ac enwogrwydd un o'i disgynyddion uniongyrchol, John Jones, Tal-sarn.[7] Cedwir corff o ddeg o gerddi ganddi a'r rheini ar y mesurau caeth a rhydd fel ei gilydd. Casglai a chopïai lawysgrifau hefyd, ond yn anffodus aeth ei llawysgrif bersonol, 'Llyfr Coch Angharad James', ar goll ddiwedd y bedwaredd ganrif ar bymtheg.[8] Un o Gelli Ffrydau, Nantlle, oedd Angharad ond aeth i fyw i Gwm Penamnen, Dolwyddelan, pan briodwyd hi â Wiliam Prichard. Ganed iddynt bedwar o blant, sef Gwen, Margaret, Catherine a Dafydd.[9] Un ar bymtheg oed oedd Dafydd Wiliam, ei hunig fab, pan fu farw ym 1729. Mydryddir y manylion hyn ynghylch ei oed a blwyddyn ei farw i'r gerdd ond ni wyddys beth oedd achos ei farwolaeth annhymig. Prin iawn yw manylion bywgraffyddol y ddwy brydyddes arall a luniodd farwnadau i'w plant, am eu bod, fe dybir, yn perthyn i haenau is cymdeithas.[10] Atgyfnerthir y dyb hon gan y ffaith mai cerddi rhydd yw eu gwaith hwy; cerddi i'w canu ar alawon poblogaidd y dydd yn hytrach nag ar y mesurau caeth a ofynnai am hyfforddiant yn nirgelion cerdd dafod a gwybodaeth o'r traddodiad barddol brodorol. Cedwir cerdd Catrin Gruffudd, 'Marwnad gwraig am ei merch ar fesur *Heavy Heart*', yn un o lawysgrifau Dafydd Jones, Trefriw (1703–85) ac efe, fe dybir, a nododd y dyddiad 1730 ar odre'r gerdd.[11] Ni wyddys dim oll am hanes a chynefin Catrin Gruffudd a'i merch, Neli. Ni wyddys beth oedd oed y ferch yn marw, nac ychwaith achos ei marwolaeth. Y mae Susan Jones yr un mor ddihanes â Catrin Gruffudd hithau. Ymddiddan rhyngddi hi a'i merch Nansi yw ei marwnad hi, 'Cerdd a wnaeth gwraig alarnad am ei merch, ar *Leave Land*', ac fe'i cyhoeddwyd mewn llyfryn baledi.[12] Nodir yno mai un o'r 'Tai Hen' oedd hi, sef, o bosibl, Tai Hen ym mhlwyf Llanbadrig, Sir Fôn. Nid argraffwyd y dyddiad ar y llyfryn printiedig, ond mydryddodd Susan Jones flwyddyn marw Nansi i bennill olaf ond un y farwnad. Unwaith eto, nid yw tystiolaeth fewnol y gerdd yn datgelu beth oedd achos marwolaeth annhymig y ferch.

O fwrw cipolwg ar ganu gan fenywod yn gyffredinol, gwelir mai *genre* tra chyffredin oedd marwnadau plant ymhlith menywod a mamau yn y gwledydd Celtaidd eraill a thros y ffin yn Lloegr. Yn yr Alban canodd y Jacobitiad o argyhoeddiad Sìleas MacDonald farwnad i'w merch,[13] a cheir hefyd enghreifftiau o'r *muime* (y fam faeth) yn marwnadu ei *dalta* (plentyn maeth). Er enghraifft, canodd Catrìona nighean Eòghainn mhic Lachlainn farwnad i'w merch faeth, Catrìona Maclean.[14] Mewn achos arall, lladdwyd mab maeth Màiri Nic Phàil yn yr un frwydr â'i mab ei hun, ond gan fod y mab maeth, Eochann Òg Maclean o Tiree, yn hanfod o waedoliaeth dda, ef yw unig wrthrych y farwnad swyddogol a ganodd hi.[15] Yn Iwerddon cenid cwynfan, *caointe* (un. *caoineadh*), gan fenywod lled-broffesiynol a dalwyd gan y teulu galarus i alaru am yr ymadawedig. Y *mná caointe* (un. *bean chaointe*), neu'r menywod wylofus, oedd y rhain.[16] Goroesodd llawer o'u cerddi drwy gyfrwng y traddodiad llafar ac yn eu plith y mae ambell un gan fam i'w mab. Canodd Amhlaoibh Ó Loingsigh i'w mab Diarmada mhic Eoghain Mhic Cárthaigh (1773),[17] a chedwir *caoineadh* i Seán do Búrc ar ffurf ymddiddan rhwng ei wraig a'i fam.[18] Ond yn gyffredinol, dynion mewn oed oedd y rhain, yn hytrach na phlant ifanc. Yr hyn sy'n drawiadol am y cerddi hyn yw eu bod yn amlygu gwedd gyhoeddus ar alar yn ogystal â gwedd breifat. Nid oes ddwywaith nad yw'r mamau yn mynegi galar personol, ond y maent hefyd yn siarad ar ran y gymdeithas wrth ddatgan maint a mesur y golled i'r gymdeithas gyfan a ddeuai yn sgil marwolaeth y gwrthrych.

At ei gilydd, tuedda'r cerddi gan famau yn Lloegr i fod yn llai cyhoeddus. Y mae mwy o bwyslais ar y golled bersonol yn hytrach nag ar effeithiau'r farwolaeth ar y gymdeithas ehangach. Fel arfer fe'u trosglwyddid ymhlith teulu a ffrindiau dethol yn unig, a hynny am fod y prydyddesau, ar y cyfan, yn fenywod breintiedig a berthynai i haenau canol ac uwch cymdeithas. I'r rhain, gorchest foneddigaidd oedd barddoniaeth. Arwydd ydoedd o'u coethder diwylliannol ac nid rhywbeth i'w bedlera ym myd busnes a masnach. Cedwir marwnadau i'w plant gan y mam-feirdd canlynol: Elizabeth Hoby (1570–1609),[19] Anne Cecil De Vere (fl. 1583),[20] Hester Pulter (1591–1678),[21] Lucy Hastings (g. 1613),[22] Gertrude Thimelby (c.1615–c.1670),[23] Elizabeth Egerton (Iarlles Bridgewater, 1626–63),[24] Katherine Philips (Orinda, 1632–64),[25] Mary Carey (fl. 1643–80),[26] Ann Williams (fl. 1660au),[27] Mehetabel Wright (1697–1750),[28] ac Elizabeth Boyd (fl. 1727–45).[29] Lluniodd y brydyddes Anne Bradstreet (1612–72) farwnad i'w hŵyr, Simon Bradstreet.[30] Y mae swm y marwnadau gan famau i'w plant sydd wedi goroesi yn drawiadol ac fe ymddengys, felly, fod y farwnad yn genre a apeliai at fenywod yn arbennig.

Cyn troi at ddull generig marwnadau'r mamau Cymreig o ymdrin â galar, buddiol fyddai ystyried dynamig rhyweddol marwolaeth a'r farwnad. Yn y Cyfnod Modern Cynnar deuai menywod wyneb yn wyneb ag angau yn ystod eu bywydau beunyddiol yn rhinwedd eu rôl ddomestig. Byddent yn ymweld â chleifion, yn nyrsio aelodau o'r teulu a oedd mewn gwendid ac yn gosod allan y meirw.[31] Ond oherwydd y perygl a ddeuai yn sgil beichiogrwydd a'r gwely esgor, yr oedd menywod yn fwy cynefin â meddwl am angau na dynion. Er enghraifft, byddai 45 y cant o fenywod yr haenau canol ac uwch yn marw cyn cyrraedd hanner cant oed, a'u hanner yn marw o ganlyniad i gymhlethdodau yn ystod neu'n dilyn beichiogrwydd.[32] At hynny, byddai hyd at un mewn pump o'r plant a aned yn y cyfnod hwn yn marw cyn eu pen blwydd cyntaf.[33] Yn wir, ystyrid y gwely esgor yn rhagbaratoad ar gyfer y gwely angau,[34] ac erys rhai cerddi gan fenywod sy'n lleisio'u hofnau yn hynny o beth.[35] Byddai mamau yn paratoi yn drylwyr ar gyfer y gwely esgor a bernid yn gyffredinol fod menywod yn fwy dewr yn wyneb angau na dynion am eu bod eisoes wedi teimlo ei gysgod drostynt wrth eni eu plant.[36]

O ran dynamig rhyweddol y *genre*, cofir bod gan fe: gysylltiad traddodiadol agos â marwolaeth a defodau marw ac erbyn y bedwaredd ganrif ar bymtheg, gwelir y brou fenyweiddio galar ar waith.[37] Ers yn gynnar yng ngwlad Groeg pennid rôl i fenywod fel galarwyr,[38] ac un o ystrydebau mwyaf poblogaidd Ewrop yn yr Oesoedd Canol oedd y fam alarus.[39] Yn Iwerddon y mae'r fenyw wylofus hefyd yn ffigwr hynafol sy'n cyflawni swyddogaeth arbennig yn nefodaeth marwolaeth.[40] Cysylltir mesur barddonol y *caointe* â menywod, yn arbennig yn y ddeunawfed ganrif a'r bedwaredd ganrif ar bymtheg,[41] a cheir traddodiad tebyg yn yr Alban hefyd.[42] Goroesodd pum *caoineadh* i aelodau gwahanol o deulu O'Brien o Thomond, swydd Clare, Iwerddon, gan y brydyddes Caitlín Dubh (*fl. c.* 1624–30).[43] Bardd amatur a farddonai mewn cyfnod o drawsnewid yn hanes barddoniaeth Wyddeleg oedd hi, ac un o nodau amgen ei *caointe* i Dermot O'Brien, Turlough Roe MacMahon a Mary MacMahon yw eu dyfeisgarwch delweddol. Ni allai Caitlín Dubh gymryd arni bersona cariad y pennaeth marw, fel y gwnâi'r beirdd proffesiynol gwrywaidd, felly cymerodd arni bersona y fenyw wylofus a'r *bean sí*, sef tylwythen deg.[44] Wrth wneud hyn dangosodd Caitlín Dubh sut y gallai menywod feddiannu *genre* a'i siapio o'r newydd, gan ei ddefnyddio at eu dibenion eu hunain. Pan ddaeth traddodiad sentimental y ddeunawfed ganrif a'r bedwaredd ganrif ar bymtheg i'w lawn dwf yn Lloegr, yr oedd marwnadau gan brydyddesau Seisnig mor niferus fel yr ystyrir y farwnad yn is-*genre* arbennig i fenywod.[45] Aeth Jahan Ramazani mor bell â synio am y marwnadau a luniwyd gan fenywod yn y cyfnod hwn fel 'traddodiad cysurlon benywaidd' a roddai bwys ar briodolder cymdeithasol a chrefyddol.[46] Dyma, yn sicr, a welir yn y marwnadau Cymraeg niferus gan fenywod yng nghylchgronau a chyhoeddiadau enwadol y bedwaredd ganrif ar bymtheg yng Nghymru a'r Amerig.[47]

Yn ei ragarweiniad i'r gyfrol *Galar y Beirdd* nododd Dafydd Johnston fod tyndra rhwng y sffêr breifat a'r sffêr gyhoeddus ym marwnadau'r beirdd i'w plant a'u bod yn canu'n 'groes i arfer y traddodiad barddol trwy wneud eu galar personol yn brif bwnc eu cerddi'.[48] Nid yw confensiynau'r traddodiad barddol yn faen tramgwydd o gwbl yn achos marwnadau'r mamau: gan nad oeddynt yn feirdd proffesiynol, caent ganu fel y mynnent. Serch hynny, gwelir yn y cerddi beth tensiwn rhwng y sfferau preifat a chyhoeddus gan iddynt ddod yn eiddo cyhoeddus, fel petai, yn fuan ar ôl eu cyfansoddi. Bu cerddi Angharad James a Catrin Gruffudd yn ddigon 'cyhoeddus' i'w copïo gan gopïwyr eraill yn hytrach na chael eu cofnodi yn eu llaw eu hunain. Cyhoeddwyd cerdd Susan Jones.[49] Dangosodd Dennis Kay fod sfferau cyhoeddus a phreifat y farwnad yn berthnasol wrth ystyried dull y sawl sy'n marwnadu o weithredu fel lladmerydd: ei swyddogaeth, medd yntau, yw rhoi ffurf gelfyddydol ar alar sy'n rhy erwin i deulu a ffrindiau'r gwrthrych ei fynegi.[50] Ond yn achos marwnad gan riant i blentyn y mae'r rhiant yn cymryd rôl weithredol yn y gwaith marwnadu, ac felly y mae'r ffiniau arferol yn y farwnad rhwng y sfferau cyhoeddus a phreifat yn fwy amorffus. Dagrau pethau yw nad yw tystiolaeth fewnol marwnadau'r mamau yn awgrymu dim am eu hamgylchiadau cyfansoddi a pherfformio fel y gwna beirdd proffesiynol yr Oesoedd Canol yn eu marwnadau hwy.[51] Yn y bôn, ni chredaf fod angen ceisio gosod y marwnadau personol hyn mewn unrhyw fframwaith proffesiynol gan fod cymhellion y beirdd dros farwnadu eu plant yn hunanamlwg: y mae'n bodloni angen emosiynol dwfn yn y rhiant galarus. Hanfodion y farwnad ym mhob cyfnod yw coffáu'r gwrthrych a mynegi colled amdano neu amdani: rhyw fath o garreg goffa i'r ymadawedig yw'r farwnad, felly. Ond rhagor na hynny, yn yr achos hwn, y mae'r farwnad yn ymwneud â hunanfynegiant yn ogystal â choffadwriaeth.[52] Y mae iddi werth therapiwtig ac yn hyn o beth gellir ei hystyried yn rhan o'r broses sy'n caniatáu i unigolion neu gymdeithas gyfannu'r rhwyg a achosir gan brofedigaeth.

Yn y degawdau diwethaf, cafwyd budd mawr o gymhwyso model seicolegol yn ogystal â model generig i'r farwnad, gan ddadansoddi'r gyfatebiaeth rhwng ymateb marwnadau i farwolaeth a'r patrymau seicolegol a gysylltir â phrofedigaeth.[53] Mewn astudiaethau o'r fath, y mae'r model generig yn ein hatgoffa mai creadigaeth lenyddol yw marwnad,[54] tra mae'r model seicdreiddiol yn caniatáu i ni synio amdani fel ffurf ar alaru. Modelau sy'n gweddu'n dda i'w gilydd yw'r rhain oherwydd y mae'r delfrydu sy'n rhan annatod o'r traddodiad mawl y perthyn y farwnad Gymraeg iddo hefyd yn gam cydnabyddedig yn y broses o ddod dros brofedigaeth.[55] Peter M. Sacks yw'r arloeswr mewn astudiaethau o'r fath, gyda'i ddehongliad Freudaidd o'r farwnad fel ffurf sy'n gwireddu 'gwaith galar' ('the work of mourning', chwedl Freud) trwy weithio drwyddo yn weddol systematig.[56] Dangosodd sut y mae'r ffurfiau a'r delweddau traddodiadol a gysylltir â'r farwnad yn cyfateb i'r ystod emosiynol sy'n rhan o'r broses brofedigaethol: tristwch dwys, gwadu neu wrthod derbyn y golled, hiraeth, derbyn y golled a chael cysur. Oherwydd fod symud ymlaen o golled i gysur yn gofyn am drosglwyddo'r teimladau a goleddir tuag at wrthrych y farwnad i wrthrych newydd dadleuodd Sacks fod cysylltiad rhwng y datrysiad (*resolution*) a geir mewn marwnad a'r datrysiad Oidipaidd.[57] Ni fwriedir yn yr erthygl hon ddilyn yr un trywydd Oidipaidd ag yntau. Eithr cydsynir â'i ddadl fod y farwnad yn sianelu galar mewn modd disgybledig a chelfydd at ddibenion therapiwtig,[58] a'i bod, oherwydd y gred yng ngrym celfyddyd, yn caniatáu i'r sawl sy'n marwnadu ymryddhau o'u profedigaeth.[59]

Cysur yn sgil colled

Troir yn awr i weld y tueddiadau hyn ar waith ym marwnadau'r mamau Cymreig i'w plant gan ganolbwyntio ar y modd y mynegant eu colled a'u cysur. Wyneb yn wyneb â phrofedigaeth o'r math gwaethaf, sef colli baban neu blentyn, y mae cryn unffurfiaeth yn yr ieithwedd a'r syniadaeth a ddefnyddia'r tair mam alarus i fynegi eu galar. Confensiynau generig y farwnad a'r gobaith Cristnogol sy'n cyfrif am hyn. Er enghraifft, un o elfennau stoc y farwnad yw tynnu sylw at allanolion galar. Ni chrybwyllir y dagrau a'r wylo corfforol a gysylltir â galaru gan Catrin Gruffudd, ond erfynia serch hynny ar i Dduw ysgafnhau ei chalon a thawelu'r gwayw sydd yn ei bron o achos marwolaeth ei merch:

'Rwyf yn dymuned ar Dduw cyfion
Roi i mi bur fodlondeb calon
Am fy annwyl eneth gynnes
Sydd yrŵan yn dy fynwes.[60]

Hwyrach mai ymwybyddiaeth o anwedduster galaru'n ormodol
sydd wrth wraidd ei hymatal, oherwydd credid mai peth
afresymol a âi yn groes i drefn Duw oedd galaru rhydost.[61] Yn
achos menywod, wrth gwrs, yr oedd perygl dehongli eu
dioddefaint fel 'hysteria' benywaidd, tra derbynnid galar dynion
fel enghraifft o'r felan.[62] Wrth fynegi eu colled, y mae'r ddwy
fam arall yn rhoi cryn sylw i arwyddion allanol eu gloes. Dagrau
hallt a llefain tost sy'n nodweddu galar Angharad James:

> Nid oes noswaith yn eisie
> Pan huner, na weler e'
> Beunydd ar gynnydd, gu waith,
> Yn dilyn ar delynoriaeth.
> Ar ôl deffro, dro go drist,
> Uthrol, y byddaf athrist,
> Colli'r blodeuyn callwych
> Dan y niwl, 'rwy'n dwyn y nych.[63]

Yn ogystal, ceir dau englyn ar ddiwedd ei chywydd, fel rhyw
fath o epilog iddo. Yn yr ail englyn diriaethir ei hiraeth am ei
mab un ar bymtheg oed trwy gymharu ei cholled ag archoll:

> Hiraeth sydd im, Angharad, – am Ddafydd,
>   Ni ddofaf fy lludded;
>   Megis archoll yw 'ngholled,
>   Mawr sŵn cri am rosyn Cred.[64]

Llwydda Angharad James i archwilio dwyster emosiynol ei
phrofedigaeth yn ogystal â'i natur gorfforol gyda'r gyffelybiaeth
hon.

I Susan Jones, y mae'r golled yn parhau'n friw agored, a'r braw
a'r tristwch hefyd yn hyglyw ddigon:

> Fy annwyl eneth, yr wyf inne
> Yn bwrw 'ngwallt, yn hallt 'y nagre;
> I le na llan ni fedra-i fyned,
> Heb ddyfal wylo am dy weled.
> …
> Fy annwyl eneth, byw mewn alar
> Sy raid i mi tra bwy' ar y ddaear;
> Pe cawn i'r hollfyd i'w feddiannu,
> Nid wy' fodlonach am dy gwmni.[65]

Caiff yr elfen hon a natur arhosol, ddigysur y galar gryn sylw
ganddi:

> Tro yma dy wyneb, gwrando, Nansi,
> Pa ryw ddrwg a wnaethost inni;
> Pan roist inni alar wylo,
> Yn y galon byth heb gilio.
> . . .
> Dy dad annwyl sydd yn wylo
> Nos a dydd, yn brudd ochneidio;
> Wrth fynych gofio dy 'madroddion,
> Ni chilia'r galar ddim o'i galon.[66]

Ceir yn y farwnad hon ôl swyddogaeth gymdeithasol y farwnad
draddodiadol, gan ei bod yn rhoi llais i alarwyr eraill yn ogystal
â mynegi galar personol. Rhestra holl aelodau galarus y teulu – y
tad trallodus, y brodyr, y chwaer a'r gyfnither – gan ddisgrifio'r
effaith a gafodd y farwolaeth arnynt. Ond er ei bod yn cydnabod
colled ddwys pob un, pwysleisia Susan Jones mai ei cholled hi fel
mam sydd fwyaf egr:

> Dy chwaer bach sy yn dy gofio
> A'th gyfnither hithe yn cwyno;
> Ond dy annwyl fam, dros ben y cwbwl,
> Ffaelio'n glir fodloni ei meddwl.[67]

Cwyn gyffredin gan famau eraill oedd hon. Er enghraifft, dyma sut y cyfarchodd Mehetabel Wright ei phlentyn a fu farw'n ddeuddydd oed:

> Oh! Regard a mother's moan,
> Anguish deeper than thy own![68]

Y mae'r dolur a ddioddefodd yn ei phrofedigaeth yn ganolog i feddargraff a luniodd iddi hi ei hun. Daeth i'r casgliad y byddai marwolaeth yn ei rhyddhau, o'r diwedd, o'i phoen: 'A broken heart can bleed no more!', meddai.[69] Ddeng mlynedd wedi marwolaeth ei phlentyn, yr oedd hiraeth Alice Meynell (1847–1922) yr un mor llym:

> But oh, ten years ago, in vain
> A mother, a mother was born.[70]

Rhydd fynegiant barddonol croyw i'r modd y mae hunaniaeth menyw yn newid unwaith y mae hi'n fam ac nid yw marwolaeth plentyn yn lleihau'r modd hwn o'i ddiffinio'i hun. Y mae Susan Jones nid yn unig yn lleisio arwahanrwydd neu arbenigedd ei galar fel mam, ond y mae hi hefyd yn defnyddio ei llais fel mam i awdurdodi ei cherdd. Dyma sut y mae hi'n cloi'r farwnad:

> Os gofyn neb pwy wnaeth y canu,
> Gwan ei hawan, dwl difedru:
> Un a fydd yn byw mewn alar
> Am ei hannwyl eneth aeth i'r ddaear.[71]

Nid oedd y fath ymddiheuro yn anghyffredin ymhlith beirdd amatur y ddeunawfed ganrif yn gyffredinol, ond yn achos prydyddesau y mae gwreiddiau eu hansicrwydd yn treiddio'n ddyfnach.

Er bod galaru a marwnadu yn swyddogaethau derbyniol a bennid i fenywod gan gymdeithas, yr oedd eu hawdurdod fel beirdd yn dra amwys.[72] Yn y Cyfnod Modern Cynnar ystyrid barddoniaeth, yn enwedig barddoniaeth menywod, yn gamp a gyflawnid er lles a diddanwch iddynt hwy eu hunain ac i gylch cyfyng o gyfeillion o'r un dosbarth cymdeithasol. O'r herwydd, yr oedd y syniad o wahodd cyhoeddusrwydd neu enwogrwydd fel bardd yn gwbl wrthun iddynt ac anghymeradwyid unrhyw fenyw a ddymunai weld ei gwaith mewn print. Dyma oedd profiad dwy arloeswraig yn y byd llenyddol proffesiynol yn Lloegr, Aphra Behn (1640–89) ac Eliza Heywood (1693–1756).[73] Eithriad yn hyn o beth oedd Margaret Cavendish (Duges Newcastle, 1624–74) a filwriodd yn erbyn disgwyliadau ei chymdeithas, gan sicrhau cydnabyddiaeth lawn iddi hi ei hun yn ei chyfrol brintiedig *Poems and Fancies* (1653).[74] Gyda thwf proffesiynoldeb llenyddol yn Lloegr o'r ail ganrif ar bymtheg ymlaen, ymatebodd awduron benywaidd i'r cyfyngiadau cymdeithasol hyn trwy fabwysiadu modelau llenyddol a fyddai'n dderbyniol i'r gymdeithas ehangach. O'r 1730au ymlaen, felly, gwelir yn y byd llenyddol proffesiynol a chyhoeddus yn Lloegr berthynas gilyddol rhwng syniadau cyfoes ynghylch yr awdur benywaidd delfrydol a'r fam ddelfrydol.[75] Byddai prydyddesau ac awduresau yn siapio eu delwedd lenyddol gyhoeddus yn unol â nodweddion benyweidd-dra parchus y dydd, sef duwioldeb, elusengarwch, anwylder, purdeb a gwyleidd-dra. Trwy lynu at ddelwedd y Gristnoges o fam gallai menyw fod yn awdur a chadw ei henw da. Dyma a wnaeth Jane Brereton (1685–1740) a Mary Barber (*c*.1685–1755), ond yn achos Mary Barber yr oedd ei hunaniaeth fel mam hefyd yn gwbl allweddol i ddatblygiad ei llais barddol.[76] Yn ei rhagarweiniad i'w cherddi pwysleisiodd nad dymuniad i ennill enwogrwydd llenyddol a'i cymhellodd i gyhoeddi ei gwaith, eithr ysfa i addysgu ei phlant.[77] Er mai galaru am eu plant a wna'r Cymraesau, diau y gwelir adlais o'r un broses ar waith ar eu meddylfryd, oherwydd y mae duwioldeb a chadernid ffydd yn rhan o'u llais barddol a'u delwedd gyhoeddus, yn ogystal â bod yn fframwaith iddynt ddeall eu profedigaeth.

O ran cysur, un o droadau ymadrodd mwyaf cyffredin marwnadau gan rieni i'w plant yw na ellir byth leddfu dim ar eu galar. Serch hynny, un o nodau amgen y tair marwnad hyn yw eu bod yn gyfryngau cysur i'r mamau. Y mae gan y farwnad, felly, swyddogaeth therapiwtig, gan fod ceisio cysur yn nyfnder profedigaeth yn rhan o'r 'iacháu' sy'n rhan annatod o'r broses o alaru. Ym marwnadau'r tair mam, felly, y mae'r broses o wella a'r broses o ddeall a dod i delerau â'r golled yn cael ei 'weithio allan' a'i ddatrys yn eu cerddi.[78] Y mae'r tair enghraifft o dan sylw oll yn arddangos y broses o dderbyn eu profedigaeth; sef symud *o* alar a cholled *i* gysur. Fodd bynnag, er gwaethaf unffurfiaeth ymddangosiadol yn hyn o beth, y mae gwahaniaethau cynnil iawn yn y modd y mae'r mamau galarus yn llwyddo i gyflawni hyn.

Y mae'r gobaith Cristnogol, sef achubiaeth trwy Iesu Grist, yn cynnig cysur iddynt ill tair. Nid safbwynt crefyddol, ideolegol yn unig yw'r cysur Cristnogol hwn oherwydd fe'i gweir i naratif y marwnadau: rhydd strwythur i'r mamau amgyffred eu profedigaeth, ond rhagor na hynny, rhydd strwythur i'w cerddi. Gwelir hyn gliriaf yng ngherddi Susan Jones a Catrin Gruffudd. Yn llinellau agoriadol ei marwnad hi, gofynna Catrin Gruffudd i Dduw am gysur a sicrwydd:

> 'Rwyf yn dymuned ar Dduw cyfion
> Roi i mi bur fodlondeb calon
> Am fy annwyl eneth gynnes
> Sydd yrŵan yn dy fynwes.[79]

Yn yr ail bennill, lleisia ei ffydd yn y gobaith Cristnogol. Mynega hefyd ei sicrwydd fod Neli yn y nef a rhydd ddisgrifiad confensiynol o'i merch mewn gogoniant yno. Ond yn y pen draw, tri pheth sy'n lleddfu galar y fam: y sicrwydd fod Neli wedi'i hachub, y gred fod marwolaeth Neli yn dangos ewyllys Duw ar waith, ynghyd â chred ddiysgog Catrin yr unir hwynt yn y Farn Fawr:

> Fe dderfydd hyn o drymder calon,
> Mae fy ngobaith i ar Dduw cyfion:
> Y ca-i fynd i'r Nef i dario,
> Lle na ddaw dim drwg i'm blino.

Er bod hiraeth arna-i beunydd, trwm a thramawr,
Hynny yn ddirfawr mi wn a dderfydd.
Duw â'm dyco i at fy Neli, f'annwyl eneth,
Yn gu lanweth i'r goleuni.[80]

Y mae rhoi hyder yn y gobaith Cristnogol yn golygu bod modd goresgyn galar bydol oherwydd y mae'r addewid hwnnw yn golygu nad yw hiraeth yn para am byth: 'hynny yn ddirfawr mi wn a dderfydd'.[81]

Y mae troi galar yn gysur hefyd yn rhan o naratif mewnol marwnad Susan Jones i'w merch ond y mae'r ffaith mai'r byw a'r marw, y fam a'r ferch, sy'n ymddiddan â'i gilydd yn ychwanegu dimensiwn newydd i'r cysur, sef didactiaeth. Y mae hi hefyd, efallai, yn haws i'r fam roi cysur yng ngenau rhywun arall na'i leisio ei hun; y mae'n rhoi rôl y galarus a'r cysurwr i ddau lais gwahanol. Y mae Angharad James a Catrin Gruffudd, ar y llaw arall, yn cyflawni'r ddwy swyddogaeth hon yn un, ond yng ngherdd Susan Jones clywir lleisiau'r fam a'r ferch bob yn ail bennill: llais y fam sy'n galaru (ar ei rhan hi ac ar ran y teulu agos) ac, yn ei thro, y mae Nansi'r ferch farw yn cysuro ei theulu o'r tu hwnt i'r bedd. Y mae byrdwn cyson Nansi yn adleisio'r gobaith Cristnogol, sef na ddylai ei theulu ofidio na galaru amdani gan ei bod bellach yn mwynhau gogoniant yn y nef. Er enghraifft, dyma ymateb y plentyn i alar ei thad:

Fy annwyl dad, gadewch eich wylo,
A byddwch ddyfal i weddïo:
Ymbartowch, chwi ddowch i'm cwmni,
Ni ddo-i atoch byth ond hynny.[82]

Seinir nodyn tebyg yn ei hymateb i alar ei brodyr:

'Rwyf i yn dymuno ar f'annwyl frodyr
I ofni Duw a'i garu O beunydd;
Ac os gwnân', nhw gân' 'y nghwmni,
Ni ddo-i atyn' byth ond hynny.[83]

Trwy gyfrwng cysuron y plentyn, ynghyd â'r byrdwn 'Ni ddo-i atyn/atoch byth ond hynny', gwireddir y broses gysurlon yng ngherdd y fam. Yn ôl traddodiad yr *ars moriendi*, y grefft o farw, yr oedd marwolaeth dda yn arwydd sicr fod yr ymadawedig wedi ennill lle yn y nefoedd ac am y rheswm hwn yr oedd marwolaeth dda yn gysur i alarwyr hefyd.[84] Wrth gwrs, nid eiddo'r plentyn ei hun yw'r geiriau cysurlon hyn, eithr rhai'r fam yn taflunio neu'n allanoli ei safbwynt Cristnogol uniongred. Yn y gobaith Cristnogol y mae perthynas gilyddol rhwng bywyd a marwolaeth yn yr ystyr fod ymddygiad yn y byd hwn yn pennu tynged dyn yn y byd a ddaw.[85] Y mae bywyd a marwolaeth hefyd yn dal cysylltiad â'i gilydd ym marwnadau'r mamau, oherwydd y mae eu gofal fel mamau yn ymestyn i'r byd a ddaw. Dyma safbwynt a fynegwyd yn groyw gan fam o'r Alban:

> Amongst the various cross dispensations by which I have been chastised, the deaths of my children were not the smallest. But that which was most at heart with me was the salvation of their souls.[86]

Cysur pwysig oedd hwn oherwydd gellid bodloni neu dawelu ofnau mam o'i chysuro ei bod wedi cyflawni ei swyddogaeth fel Cristnoges o fam yn effeithiol gan sicrhau gwynfydigrwydd nefol i'w phlentyn. Gwelir yr un tensiwn rhwng y tristwch o golli plentyn a'r llawenydd o gredu ei fod yn achubiedig ym marwnadau mamau eraill.[87]

Yn olaf, troir at Angharad James a'i marwnad i'w mab, Dafydd Wiliam. O'r tair cerdd a drafodir yma hon, heb amheuaeth, yw'r fwyaf celfydd a'r fwyaf amlhaenog. Yn y gerdd hynod hon nid yw'r symud o golled i gysur yn cael ei weithio allan yn ei rhediad naratif, fel ym marwnadau Catrin Gruffudd a Susan Jones, eithr yng nghyfrodedd tyn ei themâu, sef amser, trosiad yr ardd a'r gobaith Cristnogol. O ran amser, ceir sawl amrywiad ar y thema hon mewn marwnadau yn gyffredinol: darfodedigaeth amser, amser fel iachawr ('amser y meddyg gorau'), amser fel lleidr ac amser ar ffurf y cyfnod maith rhwng marwolaeth rhywun a chyfarfod ag ef neu hi eto yn y byd a ddaw.[88] Yn y cyd-destun hwn, dylid nodi'r parau rheolaidd a ddefnyddir yng nghwpledi ei chywydd: 'ydoedd'/'oedd'. Y mae effaith gynyddol yr odlau cyson hyn yn ddwysingol oherwydd pwysleisir y ffaith fod Dafydd, a'r holl egin botensial a oedd ynddo, wedi darfod. At hynny, gwelwn bwysigrwydd amser ar waith yn y modd creulon y mae marwolaeth Dafydd yn dwyn i gof brofedigaeth flaenorol, sef marwolaeth ei gŵr Wiliam ym 1718:

> Cofio Dafydd, cuf dyfiad,
> Caf ar dir cofio ei dad,
> A byw y raid heb yr un,
> Wan foddion, nefoedd iddyn'.[89]

Ergyd ddwbl oedd hon, felly, i Angharad James.

Yr ail elfen sy'n cydweithio i sicrhau bod marwnad Angharad i'w mab yn ei chysuro yn ei galar yw trosiad yr ardd. Y mae cerdd gaeth Angharad James yn fwy ymwybodol lenyddol na cherddi rhydd y ddwy fam arall. Delwedda ei cholled â throsiad estynedig ac amlhaenog: torrwyd Dafydd, blodyn gorau ei gardd:

> Yr oedd gardd o iraidd goed,
> Fwyngu, yn llawn o fangoed,
> Ddifyr iawn, lawn eleni,
> Ddydd a wn, o'm eiddo i.
> Torrwyd o'm gardd yr hardda'
> Impyn sad o dyfiad da;
> Impyn pêr, un tyner teg,
> Ar ei godiad, rym gwiwdeg,
> Yn gyff'lybol, weddol wych,
> Ar fyr, i dyfu'n fawrwych.[90]

Ffigwr gweddol gyffredin yw'r blodyn neu'r brigyn a dorrir yn ei anterth mewn barddoniaeth farwnadol o Spencer i Yeats yn Saesneg, ac o Ddafydd ap Gwilym a Siôn Cent i Williams Pantycelyn yng Nghymru. Parheir â delwedd yr ardd, trwy ddefnyddio iaith y blodau i ddisgrifio Dafydd:

Lili 'ngardd, a hardd oedd hwn,
Penna' cysur, pe cawswn;
Pen congol, pen ysgol oedd,
Pen y glod, pinegl ydoedd;
Pen fy ngwinllan, wiwlan wedd,
Union, a phen fy annedd.
Pen adail piniwn ydoedd,
Alpsen Penamnen a oedd.[91]

Yn iaith y blodau arwyddo purdeb a ffyddlondeb a wna'r lili,[92] ac
er bod modd dehongli 'alpsen' fel mynydd, neu gopa yn y cyd-
destun hwn, ceir glos wrth ymyl un copi llawysgrif sy'n nodi mai
blodeuyn ydyw.[93] Yn un o ddau englyn a atodir i'r farwnad hon
'rhosyn Cred' yw Dafydd, sef arwydd o gariad a merthyrdod a
seilir ar y rhosyn coch a dyfodd o ddiferion gwaed Crist ar
Galfaria.[94] Awgrymodd Nia Powell fod Angharad James yn
ddyledus i farddoniaeth delynegol Saesneg,[95] ond cofier hefyd
mai trosiad Beiblaidd yw hwn a apeliai yn fawr at chwaeth
newyddglasurol o gyfnod y Dadeni ymlaen,[96] yn ogystal â thema
sy'n perthyn i'r traddodiad brodorol: fe'i ceir gan Ddafydd ap
Gwilym, Siôn Cent ac eraill. Rhagor na hynny, y mae hi'n
drawiadol fod menywod fel petaent yn ffafrio delweddaeth ac
iaith y blodau. Diau oherwydd eu prydferthwch a'u byrhoedledd
defnyddir blodau yn weddol fynych gan famau i farwnadu eu
plant. Er enghraifft, defnyddiodd Anne Bradstreet 'flowers' a
'bud' wrth farwnadu ei hwyrion,[97] ac i Anne Cecil de Vere,
rhosyn oedd ei mab a fu farw o fewn oriau i'w enedigaeth.[98]

Ond y mae defnydd Angharad James o'r ardd wywedig yn fwy
na throsiad am freuder bywyd, oherwydd o gofio mai Dafydd
oedd ei hunig fab ac mai ef, i bob pwrpas, oedd y penteulu er
gwaethaf ei ieuenctid, y mae'n bosibl ei bod hefyd yn galaru am
ddiwedd ei bywyd ffrwythlon hi ei hun. Yn y llinellau a
ddyfynnwyd uchod y mae Angharad James yn dangos ei
medrusrwydd mydryddol trwy greu cymeriad geiriol â'r gair
'pen'. Tystia i rinweddau ac aeddfedrwydd y llanc ond tanlinella
hefyd y rhwyg a achosodd ei farwolaeth yng ngwneuthuriad y
teulu gan ddod â'r llinell wrywaidd i ben. Yn dilyn marwolaeth

ei dad ym 1718, Dafydd oedd y penteulu ac felly dim ond wrth farwnadu ei hunig fab y gallai wneud yn fawr o holl bosibiliadau y cymeriad geiriol hwn. Atgyfnerthir y syniad hwn gan y ffaith fod marwolaeth Dafydd yn agor hen friw, sef marwolaeth ei gŵr, Wiliam:

> Cofio Dafydd, cuf dyfiad,
> Caf ar dir cofio ei dad,
> A byw y raid heb yr un,
> Wan foddion, nefoedd iddyn'.
> Tan yr awr im tynnir i,
> Rai hynaws, at y rheini.[99]

Y mae ei hunig fab yn gelain a chan fod ei gŵr hefyd yn y bedd, nid oes gobaith am genhedlu mab nac etifedd arall. Haen arall i drosiad yr ardd, felly, yw'r ymwybyddiaeth fod un o'i swyddogaethau fel mam, sef ffrwythlondeb, hefyd ar ben.

Fe ymddengys fod marwolaeth plentyn yn ysgogi gofid ynghylch ffrwythlondeb; y mae'n thema gyffredin gan rieni wrth farwnadu eu plant, pa un a oeddynt yn rhy hen i atgenhedlu'n llwyddiannus neu beidio. Adwaith naturiol ddigon i golli plentyn a genhedlwyd ganddynt yw herio marwolaeth trwy feddwl am y posibilrwydd o greu bywyd newydd. Yn negawdau cyntaf y bymthegfed ganrif canodd Gwilym ap Sefnyn (*fl.* 1408) farwnad i'w ddeg plentyn. Er mwyn cyfleu y diffrwythder emosiynol a chorfforol a deimlai yn sgil y fath brofedigaeth ddwys, fe'i disgrifiodd ei hun fel derwen a gollasai ei changhennau: 'a gadu'r dderwen gadarn / yn gyff moel a gaiff 'y marn.'[100] Yn y bedwaredd ganrif ar bymtheg, yn ei farwnad i'w ferch Jane, cyfeiriodd Robert ap Gwilym Ddu yn gynnil at hyn: dwysawyd galar y 'llwydfardd' gan ei henaint ynghyd â'r ffaith mai Jane oedd ei unig blentyn ac etifeddes.[101] Thema ydyw sy'n codi hefyd yng nghanu menywod yn Lloegr, oherwydd gofid nid annisgwyl i wraig fonheddig oedd hwn, yn enwedig yn sgil colli aer. Go brin y ceir mynegiant mwy ysgytwol ac uniongyrchol o alar nag eiddo Elizabeth Hoby. Y mae'r *chiasmus* 'tumulo . . . uno' (un bedd) ac 'uno . . . utero' (un groth) yn ei marwnad i'w

37

merched, Elizabeth ac Anne, yn dangos bod bywyd, atgenhedlu, mamolaeth a marwolaeth yn ffurfio cwlwm syniadol ac emosiynol tyn na ellir yn hawdd ei ddatod:

> Sic volui mater tumulo sociarier uno,
>> Uno quas utero laeta gemensque tuli.
> (Thus I, their mother, wanted to unite them in a single tomb, weeping, whom I once carried in the same happy womb.)[102]

Lluniodd Mary Carey farwnadau i ddau fab, Robert a Perigrene, ond ei marwnad hwyaf yw'r un a luniodd ym 1657 i blentyn a gollodd yn y groth.[103] Yn y farwnad hon dehongla farwolaeth ei phlant fel cosb gan Dduw am fod ei ffydd yn rhy wan a defnyddia ddelwedd y winwydden wrth erfyn ar Dduw i beri bod ei chorff a'i ffydd yn dwyn ffrwyth eto:

> But lord since I'm a Child by mercy free;
>> Lett me by filiall frutes much honnor thee;
> I'm a branch of the vine; purge me therfore;
>> father, more frute to bring, then heeretofore ...[104]

Ar waelod copi o'r gerdd yn llaw Mary Carey ei hun nodir 'Saith Maria Carey/always in Christ happy':[105] olnod trist sy'n crynhoi'r unig fodd y gallai hi, 'llawforwyn Duw',[106] ddeall a derbyn ei cholledion, sef drwy ildio i ewyllys Duw.

Y thema olaf yn y rhwydwaith o themâu sy'n caniatáu i Angharad James ymryddhau o'i gwewyr am ei mab yw'r gobaith Cristnogol. Megis llawer o farwnadau gan famau Seisnig i'w plant, derbynia mai rhan o gynllun Duw oedd dwyn ei mab oddi wrthi. Mynegir y safbwynt hwn, ynghyd â'r gred y dylid ymddiried yn y byd a ddaw yn hytrach na'r byd hwn, gan Angharad James mewn cerddi eraill o'i heiddo, megis 'I'w gŵr mewn trafferthion cyfreithiol, 1714-1717'[107] a 'Byrder oes'.[108] Ei gair olaf ym marwnad Dafydd Wiliam yw edrych ymlaen at gael mwynhau cwmni'r mab a'i dad unwaith eto yn y nefoedd:

Fy ngobaith sy faith fythol,
Y ca' fynd acw o'i ôl
I nef annwyl fyfinnau,
F'all Duw, atyn' nhw ill dau:
Yno cawn ein dawn bob dydd,
Ail einioes o lawenydd.[109]

Yn wir, pan ddaeth ei thro hi, claddwyd Angharad yn yr un bedd
â'i mab y tu mewn i'r eglwys yn Nolwyddelan.[110] Hon yw'r orau
o'r tair marwnad Gymraeg a drafodwyd. Y mae'r dweud yn
rymus, yn gryno ac yn delynegol ac, oherwydd gofynion y
gynghanedd, y mae ei gafael yn dynn ar ei hemosiynau. Yr oedd
Angharad James yn fardd medrus ond tybed hefyd i ba raddau y
mae rhagoriaeth ei marwnad yn dibynnu ar y ffaith mai mesur
caeth a ddewisodd? Mewn cyferbyniad, y mae cerddi rhydd ac
anghelfydd Catrin Gruffudd a Susan Jones yn mynegi teimladau
mewn modd mwy amrwd, ond eto y mae eu symlrwydd a'u
diffyg rhodres yn cyffwrdd â'r galon.

Casgliadau

I gloi, y mae'r cerddi hyn yn rhai gwirioneddol hynod a di-ail,
ond y maent hefyd yn werthfawr o ran ymchwil i agweddau at
blentyndod a rhianta yn y Cyfnod Modern Cynnar, hanes
cymdeithasol galar a galaru, ynghyd ag ymchwil i iaith a seicoleg
marwolaeth. Nid safbwynt penodol 'fenywaidd' yw'r cysur a
gânt trwy gyfrwng y gobaith Cristnogol, oherwydd cysurir tadau
yn eu galar gan eu ffydd yng Nghrist a'i aberth. Ond yn wahanol
i farwnadau mwy ffurfiol y traddodiad barddol, nid yw
marwnadau'r mamau yn ymboeni fel y cyfryw ynghylch achau
na chanu mawl: ar alar y byw ac ar eu gobaith o gyfarfod â'r
ymadawedig yn y byd a ddaw y mae eu pwyslais. Yn yr ystyr
hwn, felly, cofebau anuniongyrchol a phreifat i'r meirw yw
marwnadau'r mamau. Yn hytrach na gwasanaethu'r meirw trwy
eu mawrygu a chanmol eu rhinweddau, y mae'r mamau yn eu
gwasanaethu eu hunain, gan ddefnyddio eu cerddi i ddod i
delerau â'u colled. Er bod y gobaith Cristnogol yn gysur mawr i'r

tair mam a drafodwyd yma diau bod eu llwyddiant i droi eu colled yn gysur yn dibynnu ar eu parodrwydd i dderbyn y cysur hwnnw. Yr oedd y bardd Ffrengig Stéphane Mallarmé yn feistr cydnabyddedig ar ffurf y *tombeau*, neu'r farwnad, ond methodd yn lân â marwnadu ei fab, Anatole, a fu farw yn wyth oed fis Hydref 1879. Cedwir nodiadau breision ar gyfer marwnad arfaethedig i Anatole ond ni lwyddodd i roi ffurf derfynol arnynt. Fel y dangosodd Patrick McGuinness yn y rhagarweiniad i'w gyfieithiad o'r nodiadau hyn, y mae'r brawddegau anorffenedig a'u cystrawen doredig yn datgelu pam na allai Mallarmé ddod â'r farwnad i'w fab i fwcwl:

> Caught between accepting, as a poet, the boy's death, and resisting, as a father, the death of a son, Mallarmé finds two impulses – the paternal and the poetic – at odds with each other: the father mourns the life and fights the death, while the poet, 'complicit' with illness and death, prepares to write the *tombeau*. *For Anatole's Tomb* . . . shows how, when the two are ranged against each other, they make the poet's work suspect and taint the father's mourning.[111]

Y gwrthwyneb sy'n wir yn achos y mamau Cymreig, a chysur, os nad therapi, iddynt yw eu marwnadau hwy. Iddynt hwy, y gobaith Cristnogol yw eu herfyn yn erbyn y tensiwn rhwng dioddef colled fel mam a mynegi'r golled fel bardd. Ond rhaid hefyd ystyried amseru. Hwyrach fod Mallarmé wedi methu am iddo geisio llunio ei gerdd yn rhy fuan wedi marwolaeth Anatole, sef yn ystod misoedd y gaeaf yn dilyn ei farwolaeth.[112] Yn anffodus, ni ellir bod mor fanwl wrth ddyddio'r cerddi Cymraeg, ond y mae'r ffaith fod y tair mam yn llwyddo i wastrodi eu galar yng ngwead eu cerddi yn awgrymu'n gryf fod amser eisoes wedi pylu'r gloes, a'u bod yn barod ar wastad emosiynol a deallusol i wneud hynny. Er i farddoniaeth roi cyfle iddynt i fynegi a deall eu tristwch ac i leisio unigolyddiaeth eu galar fel mam, buddiol fuasai cofio mai creadigaethau llenyddol yw'r cerddi hyn. Lleddfir y galar yn y farddoniaeth, ond ni allwn ond dyfalu ynghylch realiti. Yr oedd Angharad James yn fardd cyn colli ei mab, ond nid oes gymaint ag un llinell o gerddi eraill gan Catrin Gruffudd na Susan Jones wedi goroesi. Tybed, felly, nad eu galar fel mamau, ynghyd â'u hawydd emosiynol i'w fynegi, a drodd y ddwy hyn yn feirdd?[113]

Nodiadau

1   Ar gyfer datblygiad y syniad dadleuol hwn gw. Lawrence Stone, *The Family, Sex and Marriage in England 1500–1800* (London: Weidenfeld and Nicolson, 1977); Jack Goody, *The Development of the Family and Marriage in Europe* (Cambridge: Cambridge University Press, 1983).

2   Dafydd Johnston (gol.), *Galar y Beirdd: Marwnadau Plant* (Caerdydd: Tafol, 1993), 12.

3   Ibid., 12–13.

4   William Williams, 'Marwnad Maria Sophia', yn N. Cynhafal Jones (gol.), *Gweithiau Williams Pant-y-Celyn*, cyfrol 1 (Treffynnon: P. M. Evans, 1887), 444–8.

5   Robert Williams, 'Cofiant Byr am Jane Elizabeth Williams', yn R. M. Jones (gol.), *Blodeugerdd Barddas o'r Bedwaredd Ganrif ar Bymtheg* (Llandybïe: Cyhoeddiadau Barddas, ail argraffiad, 1991), t. 65, llau. 15–18.

6   Ceir testun golygedig yn Cathryn A. Charnell-White (gol.), *Beirdd Ceridwen: Blodeugerdd Barddas o Ganu Menywod hyd tua 1800* (Llandybïe: Cyhoeddiadau Barddas, 2005), 159–61, a thestun dau englyn marwnadol i Dafydd Wiliam, ibid., 162.

7   Owen Thomas, *Cofiant y Parchedig John Jones, Talsarn, mewn cysylltiad a Hanes Duwinyddiaeth a Phregethu Cymru* (Wrexham: Hughes, [1874]), 24–6; Nia Mai Jenkins, '"A'i Gyrfa Megis Gwerful": Bywyd a Gwaith Angharad James', *Llên Cymru*, 24 (2001), 79–112; eadem, '"Ymddiddan Rhwng y Byw a'r Marw, Gŵr a Gwraig" (Angharad James): Cywiriad', *Llên Cymru*, 25 (2002), 43–5; Nia M. W. Powell, 'Women and Strict-Metre Poetry in Wales', yn Michael Roberts a Simone Clarke (gol.), *Women and Gender in Early Modern Wales* (Cardiff: University of Wales Press, 2000), 129–58; Cathryn A. Charnell-White (gol.), *Beirdd Ceridwen*, 151–64, 384–7.

8   Nia M. W. Powell, 'Women and Strict-Metre Poetry in Wales', 143–4.

9   Nodir dyddiadau geni ei phlant yn llaw Angharad James yn ei Beibl teuluol. Er bod y Beibl yn dal yn ei meddiant ym 1738, nid ychwanegodd ddyddiad marw Dafydd Wiliam at y cofnodion hynny. NLW Ffacs 500, 16.

10 Am y duedd hon yn gyffredinol yn hanes barddoniaeth gan fenywod yng Nghymru, gw. Cathryn A. Charnell-White (gol.), *Beirdd Ceridwen*, 26–7.

11 Ibid., 236–7, 400.

41

12   Ibid., 286–90, 405.
13   Marwnadau dwbl i'w gŵr a'i merch yw'r rhain. Gw. 'Cumha Bàs a Fir
      agus a h-Ighne', yn Colm Ó Baoill (gol.), *Bàrdachd Shìlis na Ceapaich
      c.1660–c.1729* (Edinburgh: Scottish Academic Press for the Scottish
      Gaelic Texts Society, 1972), 54–7; 'Laoidh air Bàs a Fir agus a h-Ighne',
      ibid., 58–63.
14   Anne C. Frater, 'Women of the Gàidhealtachd and their Songs to 1750',
      yn Elizabeth Ewan a Maureen M. Meikle (gol.), *Women in Scotland
      c.1100–1750* (East Linton: Tuckwell Press, 2002), 74–5; eadem, 'The
      Gaelic Tradition up to 1750', yn Douglas Gifford a Dorothy McMillan
      (gol.), *A History of Scottish Women's Writing* (Edinburgh: Edinburgh
      University Press, 1997), 1–14.
15   Anne C. Frater, 'Women of the Gàidhealtachd and their Songs to 1750',
      74–5.
16   Gw. Angela Partridge, 'Wild Men and Wailing Women', *Éigse*, 18
      (1980), 27.
17   Gearoid Ó Murchadha, 'Caoine Dhiarmad' 'Ic Eóghain (A Mháthair Do
      Chum)', *Éigse*, 1 (1939), 22–8.
18   R. A. Breatnach, 'Roinnt Amhrán ón Rinn', *Éigse*, 2 (1940), 242–3.
      Boddwyd Seán do Búrc a dau o'i frodyr ac yn y *caoineadh* a ganwyd
      iddo yn y fynwent, clywir lleisiau ei fam a'i wraig mewn ymson â'i
      gilydd. Diolchaf i'r Athro John T. Koch am fy ngoleuo ynghylch y
      gerdd hon.
19   'An epicedium by Elizabeth Hoby, their mother, on the death of her
      two daughters Elizabeth and Anne', yn Jane Stevenson a Peter
      Davidson (gol.), *Early Modern Women Poets: An Anthology* (Oxford:
      Oxford University Press, 2001), 47.
20   'Four Epitaphs made by the Countess of Oxford after the death of her
      young son, the Lord Bulbeck (1584)', yn Marion Wynne-Davies (gol.),
      Women Poets of the Renaissance (London: J. M. Dent, 1998), 16–17.
21   'Upon the Death of my deare and lovely Daughter J. P. Jane Pulter,
      baptized May 1 1625 and died Oct 8 1646 Aet. 20', yn Jane Stevenson a
      Peter Davidson (gol.), *Early Modern Women Poets*, 191–3.
22   Bu farw Henry, mab Lucy Hastings, ar noswyl ei briodas ym 1649. Gw.
      Germaine Greer, Susan Hastings, Jeslyn Medoff a Melinda Sansone
      (gol.), *Kissing the Rod: An Anthology of Seventeenth-Century
      Women's Verse* (London: Virago, 1988), 9-10.
23   'Mrs Thimelby, on the Death of Her Only Child', yn Jane Stevenson a
      Peter Davidson (gol.), *Early Modern Women Poets*, 255.
24   'On my boy Henry', yn Jane Stevenson a Peter Davidson (gol.), *Early
      Modern Women Poets*, 316. Yn ogystal â'r farwnad hon, cedwir darnau
      rhyddiaith yn cofnodi marwolaeth dau blentyn arall iddi, sef Frances a
      Catherine. Fe'u gwelir yn ei llawysgrif, *True Copies of Certain Loose
      Papers Left by the Right Honourable Elizabeth Countess of
      Bridgewater*. Gw. Marion Wynne-Davies (gol.), *Women Poets of the
      Renaissance*, 341.
25   'Epitaph on her son H.P.', yn R. E. Pritchard (gol.), *English Women's
      Poetry: Elizabethan to Victorian* (Manchester: Carcanet, 1990), 74–5.

26   'Wretten by me att the same tyme; on the death of my 4th, & only Child, Robert Payler', yn Germaine Greer et al. (gol.), *Kissing the Rod*, 156–7; 'Wretten by me at the death of my 4th sonne and 5th Child Perigrene Payler', ibid., 157–8; 'Upon ye Sight of my abortive Birth ye 31th: of December 1657', ibid., 158–61.

27   'Greifes farwell, to an Inherritor of joy', yn Jane Stevenson a Peter Davidson (gol.), *Early Modern Women Poets*, 363–4.

28   'To an Infant Expiring the Second Day of its Birth', yn Roger Lonsdale (gol.), *Eighteenth-Century Women Poets: An Oxford Anthology* (Oxford: Oxford University Press, 1989), 115.

29   'On the Death of an Infant of five Days old, being a beautiful but abortive Birth', ibid., 135.

30   'On My Dear Grandchild Simon Bradstreet, Who Died on 16 November, 1669, Being But a Month, and One Day Old', yn Marion Wynne-Davies (gol.), *Women Poets of the Renaissance*, 266–7. Cyfeirir at ddwy wyres, chwiorydd Simon, a fu farw yn y farwnad hefyd.

31   Ar gyfer gofal menywod am gleifion a'r meirw, gw. Edward Muir, *Ritual in Early Modern Europe* (Cambridge: Cambridge University Press, 1997), 48.

32   Germaine Greer et al. (gol.), *Kissing the Rod*, 11. Gw. hefyd Anne Laurence, *Women in England 1500–1760: A Social History* (London: Phoenix Press, 2002), 75–9; Merry E. Wiesner, *Women and Gender in Early Modern Europe* (Cambridge: Cambridge University Press, 1993), 63–73.

33   R. A. Houston, *The Population History of Britain and Ireland 1500–1700* (London: Macmillan, 1992), 50–1; Ralph Houlbrooke, *Death, Religion and the Family in England, 1480–1750* (Oxford: Clarendon Press, 1998), 7–8.

34   Ibid., 68–9.

35   Anne Laurence, *Women in England 1500–1760*, 77; Sylvia Brown (gol.), *Women's Writing in Stuart England: The Mothers' Legacies of Dorothy Leigh, Elizabeth Joscelin and Elizabeth Richardson* (Stroud: Sutton Publishing, 1999).

36   Ralph Houlbrooke, *Death, Religion and the Family in England, 1480–1750*, 185.

37   Jahan Ramazani, *The Poetry of Mourning: The Modern Elegy from Hardy to Heaney* (Chicago: University of Chicago Press, 1994), 20–1; Karl S. Guthke, *The Gender of Death: A Cultural History in Art and Literature* (Cambridge: Cambridge University Press, 1999), 128–72.

38   Margaret Alexiou, *The Ritual Lament in Greek Tradition* (London: Cambridge University Press, 1974).

39   Dafydd Johnston (gol.), *Galar y Beirdd*, 12–13.

40   Angela Partridge, 'Wild Men and Wailing Women', 26, 36.

41   Jane Stevenson a Peter Davidson (gol.), *Early Modern Women Poets*, xlv–xlvi; Angela Bourke, 'More in Anger than in Sorrow: Irish Women's Lament Poetry', yn Joan N. Rader (gol.), *Feminist Messages: Coding in Women's Folk Culture* (Urbana: University of Illinois Press, 1993), 160–82.

42   Lluniodd Màiri nighean Alasdair Ruaidh (Mary MacLeod, *c*.1615–1705) nifer o alarganau i arweinwyr tylwyth MacLeod. William J. Watson (gol.), *Bàrdachd Ghàidhlig: Specimens of Gaelic Poetry 1550–1900* (Stirling: An Comunn Gaidhealach, trydydd argraffiad, 1959), 157–61, 181–3, 194–8, 198–201.

43   Marie-Louise Coolahan, 'Caitlín Dubh's Keens: Literary Negotiations in Early Modern Ireland', yn Victoria E. Burke a Jonathan Gibson (gol.), *Early Modern Women's Manuscript Writing: Selected Papers from the Trinity/Trent Colloquium* (Aldershot: Ashgate, 2004), 91–110.

44   Ibid., 97–8, 100–02.

45   Melissa F. Zeigler, *Beyond Consolation: Death, Sexuality, and the Changing Shapes of Elegy* (New York; London: Cornell University Press, 1997), 62.

46   Jahan Ramazani, *The Poetry of Mourning*, 296.

47   Cathryn A. Charnell-White (gol.), *Beirdd Ceridwen*, 26.

48   Dafydd Johnston (gol.), *Galar y Beirdd*, 10–11.

49   Dwy o gerddi newyddion ... (Caerlleon, d.d.), 5–7; J. H. Davies (gol.), *A Bibliography of Welsh Ballads Printed in the Eighteenth Century* (London: The Honourable Society of Cymmrodorion, 1911), rhif 726ii.

50   Dennis Kay, *Melodious Tears: The English Funeral Elegy from Spenser to Milton* (Oxford: Clarendon Press, 1990), 39.

51   Huw M. Edwards, 'Murnio Marwnadau: Golwg ar y Ffug-farwnad yng Nghyfnod y Cywydd', *Dwned*, 5 (1999), 47–70; idem, 'Dwyn Marwnadau Adref', *Llên Cymru*, 23 (2000), 21–38.

52   Ar gyfer swyddogaeth ddwbl y farwnad, gw. Eric Smith, *By Mourning Tongues: Studies in English Elegy* (Bungay: The Boydell Press, 1977), 11.

53   Gw. Peter M. Sacks, *The English Elegy: Studies in the Genre from Spenser to Yeats* (Baltimore; London: The Johns Hopkins University Press, 1985); Jahan Ramazani, *The Poetry of Mourning*; G. W. Pigman III, *Grief and English Renaissance Elegy* (Cambridge: Cambridge University Press, 1985); Eric Smith, *By Mourning Tongues*; Dennis Kay, *Melodious Tears*.

54   Jahan Ramazani, *The Poetry of Mourning*, 30.

55   G. W. Pigman III, *Grief and English Renaissance Elegy*, 4.

56   Peter M. Sacks, *The English Elegy: Studies in the Genre from Spenser to Yeats*, 1–37.

57   Ibid., 8–12; Eric Smith, *By Mourning Tongues*, 9–10.

58   Peter M. Sacks, *The English Elegy: Studies in the Genre from Spenser to Yeats*, 36.

59   Eric Smith, *By Mourning Tongues*, 13, 21.

60   Cathryn A. Charnell-White (gol.), *Beirdd Ceridwen*, rhif 117, llau. 1–4.

61   G. W. Pigman III, *Grief and English Renaissance Elegy*, 11–13, 25.

62   Melissa F. Zeigler, *Beyond Consolation: Death, Sexuality, and the Changing Shapes of Elegy*, 6.

63   Cathryn A. Charnell-White (gol.), *Beirdd Ceridwen*, rhif 65, llau. 53–60.

64 Ibid., rhif 66, llau. 5–8.

65 Ibid., rhif 140, llau. 57–60, 65–8. Gw. hefyd llau. 89–92.

66 Ibid., rhif 140, llau. 1–4, 17–20. Gw. hefyd llau. 26, 34, 49–52, 57–60.

67 Ibid., rhif 140, llau. 33–6.

68 Roger Lonsdale (gol.), *Eighteenth-Century Women Poets*, 115. Gw. hefyd farwnadau gan Elizabeth Boyd, ibid., 135, a Hester Pulter, Jane Stevenson a Peter Davidson (gol.), *Early Modern Women Poets*, 191–3.

69 Roger Lonsdale (gol.), *Eighteenth-Century Women Poets*, 115.

70 R. E. Pritchard (gol.), *English Women's Poetry*, 241–2.

71 Cathryn A. Charnell-White (gol.), *Beirdd Ceridwen*, rhif 140, llau. 89–92.

72 Greer et al. (gol.), *Kissing the Rod*, 10–12.

73 Catherine Ingrassia, 'Eliza Haywood and the culture of professional authorship', yn eadem, *Authorship, Commerce, and Gender in Early Eighteenth-Century England: A Culture of Paper Credit* (Cambridge: Cambridge University Press, 1998), 77–103, *passim*; Brean Hammond, *Professional Imaginative Writing in England, 1670–1740: 'Hackney for Bread'* (Oxford: Clarendon Press, 1997), *passim*; Paula McDowell, *The Women of Grub Street: Press, Politics, and Gender in the London Literary Marketplace 1678–1730* (Oxford: Clarendon Press, 1998); Jane Spencer, *Aphra Behn's Afterlife* (Oxford: Oxford University Press, 2000).

74 Germaine Greer et al. (gol.), *Kissing the Rod*, 5.

75 Sarah Prescott, *Women, Authorship and Literary Culture, 1690–1740* (Houndmills; New York: Palgrave Macmillan, 2003), 98.

76 Jane Spencer, 'Imagining the Woman Poet: Creative Female Bodies', yn Sarah Prescott a David E. Shuttleton (gol.), *Women and Poetry, 1660–1750* (Houndmills; New York: Palgrave Macmillan, 2003), 114–15.

77 Sarah Prescott, *Women, Authorship and Literary Culture, 1690–1740*, 135.

78 Peter M. Sacks, *The English Elegy: Studies in the Genre from Spenser to Yeats*, 1.

79 Cathryn A. Charnell-White (gol.), *Beirdd Ceridwen*, rhif 117, llau. 1–4.

80 Ibid., rhif 117, llau. 17–24.

81 Ar gyfer y motiff o gyfarfod eto yn y nefoedd, gw. Coleen McDannell a Bernhard Lang, *Heaven: A History* (New Haven; London: Yale University Press, 1990), *passim*.

82 Cathryn A. Charnell-White (gol.), *Beirdd Ceridwen*, rhif 140, llau. 21–4.

83 Ibid., rhif 140, llau. 29–32.

84 Edward Muir, *Ritual in Early Modern Europe*, 44–5; Ralph Houlbrooke, *Death, Religion and the Family in England, 1480–1750*, 185.

85 Ibid., 20, 28.

86 National Library of Scotland, MS 1037, f. 21. Dyfynnwyd yn Anne Laurence, *Women in England*, 85.

87 Gw. marwnadau gan Elizabeth Egerton ac Ann Williams, yn Jane Stevenson a Peter Davidson (gol.), *Early Modern Women Poets*, 316,

363–4. Ofnai Gertrude Thimelby ei bod yn fam ddiffygiol ac na fu'n ddigon gofalus o'i phlentyn, ibid., 255.

88 Eric Smith, *By Mourning Tongues*, 3–4, *passim*.

89 Cathryn A. Charnell-White (gol.), *Beirdd Ceridwen*, rhif 65, llau. 61–4.

90 Ibid., rhif 65, llau. 1–10.

91 Ibid., rhif 65, llau. 11–18.

92 Ar gyfer iaith y blodau yn y traddodiad Cymreig, gw. E. G. Millward, 'Canu ar Ddamhegion', *Cenedl o Bobl Ddewrion: Agweddau ar Lenyddiaeth Oes Victoria* (Llandysul: Gomer, 1991), 1–11.

93 Llyfrgell Ganolog Caerdydd, Card 84, f. 46.

94 Cathryn A. Charnell-White (gol.), *Beirdd Ceridwen*, rhif 66, ll. 8. Ar gyfer symboliaeth y rhosyn, gw. John Baldock, *The Elements of Christian Symbolism* (Shaftsbury: Element, 1990), 111.

95 Nia M. W. Powell, 'Women and Strict-Metre Poetry in Wales', 143.

96 Melissa F. Zeigler, *Beyond Consolation: Death, Sexuality, and the Changing Shapes of Elegy*, 46; Ralph Houlbrooke, *Death, Religion and the Family in England, 1480–1750*, 26–7.

97 Marion Wynne-Davies (gol.), *Women Poets of the Renaissance*, 266.

98 'With my son, my gold, my nightingale, and rose / Is gone ...', 'Four Epitaphs made by the Countess of Oxford after the death of her young son, the Lord Bulbeck', rhif 2, llau. 5–6, ibid., 16.

99 Cathryn A. Charnell-White (gol.), *Beirdd Ceridwen*, rhif 65, llau. 61–6.

100 Dafydd Johnston (gol.), *Galar y Beirdd*, t. 66, llau. 55–6.

101 R. M. Jones (gol.), *Blodeugerdd Barddas o'r Bedwaredd Ganrif ar Bymtheg*, t. 65, llau. 1–24.

102 Jane Stevenson a Peter Davidson (gol.), *Early Modern Women Poets*, 47.

103 Mary Carey, 'Upon ye Sight of my abortive Birth ye 31th: of December 1657', yn Germaine Greer et al., (gol.), *Kissing the Rod*, 158–61.

104 Ibid., 160, cwpledi 34–5.

105 Ibid., 161.

106 Ibid., 159.

107 Cathryn A. Charnell-White (gol.), *Beirdd Ceridwen*, rhif 61.

108 Ibid., rhif 68.

109 Ibid., rhif 65, llau. 83–8.

110 J. E. Jones, 'Bedd Angharad James o Benamnen, Dolwyddelan', *Trafodion Cymdeithas Hanes Sir Gaernarfon*, 45 (1984), 130–7.

111 Stéphane Mallarmé, *For Anatole's Tomb*, cyf. Patrick McGuinness (Manchester: Carcanet, 2003), viii. Hoffwn ddiolch i Dr Heather Williams am dynnu fy sylw at y gerdd hon.

112 Stéphane Mallarmé, *Oeuvres Complètes*, gol. Bertrand Martel (Paris: Éditions Gallimard, 1998), 1363.

113 Hoffwn ddiolch i Dr Barry J. Lewis a Dr Heather Williams am eu sylwadau gwerthfawr wrth baratoi'r ysgrif hon. Diolch hefyd i Mrs Glenys Howells am ei chymorth.

BREUDDWYDIO'R PAITH:
LLENYDDIAETH Y WLADFA 1880-1945

gan Paul W. Birt

Er bod enwau rhai llenorion o'r Wladfa yn weddol gyfarwydd i gynulleidfa lengar yng Nghymru heddiw, er enghraifft Eluned Morgan, Irma Hughes de Jones neu Elvey MacDonald, y duedd yw meddwl amdanynt fel aelodau o gangen llenyddiaeth Gymraeg a gafodd ei phlannu yn y Deheudir pell, ond sydd, er hynny, yn rhan annatod o'r cyff cenedlaethol Cymreig, Ewropeaidd. Diau fod llawer yn y Wladfa wedi meddwl yr un peth, a chau llygaid ar lenyddiaeth Ariannin yn enwedig yng nghyfnod cynharaf y gymuned pan oedd llyfrau a'r wybodaeth o Sbaeneg yn brin. Ond mae profiad y Cymry yn Ariannin a thueddiadau ei llenyddiaeth i'w cymharu â phrofiadau tebyg yng ngwledydd America ac mewn mannau eraill yn y byd. Yn y pen draw mae tir, hinsawdd a hanes newydd yn creu amodau ar gyfer dechreuad newydd heb anghofio'r hyn a fu. Mae'n arbennig o ddiddorol cymharu'r llenyddiaethau newydd a grewyd ar gyfandir America gan rai yr oedd eu haith yn 'answyddogol' yn eu hen gartrefi. Yn naturiol, mae gofyn bod traddodiad llenyddol wedi ei sefydlu dros gyfnod, ac wedi parhau er mwyn sicrhau bod cymuned newydd dros y môr yn medru creu llenyddiaeth newydd. Un enghraifft annisgwyl ar yr olwg gyntaf yw parhad llenyddiaeth *Yiddish* yn y byd newydd, yn enwedig yn Efrog Newydd a Montreal, ac er bod traddodiad llenyddol yn bod ers tro, nid oedd unrhyw fath o statws yn perthyn i'r iaith.[1] Mae eraill yn nes at eu gwreiddiau 'llafar', Gaeliaid yr Alban, er enghraifft, a ymsefydlodd yn Cape Breton, Nova Scotia o ddiwedd y ddeunawfed ganrif. Daethant â stor o chwedlau llafar Gaeleg i'w canlyn yn ogystal â chaneuon, a bu hyn yn brif fynegiant eu diwylliant llenyddol am genedlaethau yn eu cartref newydd. Mae Gaeliaid Nova Scotia yn enghraifft o gymuned na chreodd lenyddiaeth newydd ar sail gweithiau cwbl newydd a gwreiddiol ond yn hytrach mynegi eu hunaniaeth barhaol drwy barhau hen arferion llafar megis gwaith y cyfarwydd, a gwaith y

47

canwr (gan adael pwysigrwydd cerddoriaeth o'r neilltu ar gyfer yr astudiaeth hon). Mae'n dipyn o wyrth fod crefft y storïwr traddodiadol wedi parhau tan ail hanner yr ugeinfed ganrif.[2] Wrth ailadrodd y chwedlau traddodiadol (a rhai â naws Ganadaidd) y mynegodd y gymdeithas honno ei hymlyniad wrth ei hanes ei hun, a'r ymdeimlad mai fel hyn y gallai gyfranogi o'i hunaniaeth newydd. Bu hefyd ymdrech i greu cerddi a storïau newydd ond achlysurol oeddent, yn aml ar chwâl ym mhapur newydd Gaeleg Nova Scotia, *Mac-Talla*.

Enghraifft arall sydd dipyn yn nes at y profiad Gwladfaol yw hanes y rhai o Ynys yr Iâ a ymsefydlodd ym Manitoba, Canada (a Dakota yn yr Unol Daleithiau) gan ddod â holl gynhysgaeth eu diwylliant llenyddol cyfoethog yn ogystal â thraddodiad llafar nid annhebyg i'r Gaeliaid yn Nova Scotia. Yn yr un modd â'r Cymry, bu'r triawd tir, iaith a'r werin yn ganolog i'r modd y diffinnid eu cenedligrwydd. Mae llenyddiaeth hefyd wedi chwarae rhan ganolog iawn yn y diffiniad hwnnw. Ni bu'r llenyddiaeth a grewyd gan y sefydlwyr o Ynys yr Iâ ym Manitoba yn destun trafodaeth feirniadol tan yn gymharol ddiweddar. Dechreuodd yr ymfudo i Manitoba ar ddechrau'r 1870au a gorffen erbyn 1914. Cawsant ddarn o dir ar lannau Llyn Winnipeg lle roedd yn bosibl byw yn y lle cyntaf ar wahân, ffactor a'u galluogodd i fyw bywyd Islandaidd o ran iaith a diwylliant. Aeth y sefydlwyr cyntaf ati i ysgrifennu eu cyfansoddiadau eu hunain, crewyd papur newydd yn eu hiaith eu hunain o'r enw *Framfari*, a hefyd ysgolion lle cafwyd addysg drwy gyfrwng yr Islandeg. Fel a ddigwyddodd yn achos Cymry'r Wladfa, daeth pobloedd newydd i ymsefydlu yn yr ardal, ac yn fuan, er na chollwyd yr iaith na'r diwylliant, aeth y syniad cenedlaethol a'u symbylodd i ddod yno yn y lle cyntaf i'r gwellt. Yn ei bennod arloesol lle trafodir llenyddiaeth y mewnfudwr mewn sefyllfa leiafrifol, mae Eli Mandel yn diffinio'r math hwn o lenyddiaeth fel hyn:

> A literature existing at an interface of two cultures,
> a form concerned with defining itself, its voice, the
> dialectic of self and other and the duplicities of self-
> creation, transformation and identities.[3]

Yn naturiol yn ystod blynyddoedd cynnar y sefydliad, rhoddid pwyslais yn y llenyddiaeth ar brofiad yr arloeswr, rhywbeth a welir hefyd yn llenyddiaeth y Wladfa. Gellir cymharu'r rhyddiaith hanesyddol/hunangofiannol a ddatblygodd yn y Wladfa â'r un duedd yn llenyddiaeth yr Islandiaid 'gorllewinol' (Vestur Islendigar) ym Manitoba. Ychydig o awydd a oedd i greu ffurfiau newydd neu ddatblygu themâu newydd yn ystod y cyfnod cyntaf. Mae'r awdur Homi Bhabha yn cyfeirio yn ei waith *The Location of Culture* at yr 'hybrid moment' mewn llenyddiaethau fel hyn pan droir oddi wrth yr hen gynseiliau i greu rhywbeth cwbl newydd. Er bod hyn i'w weld yn digwydd mewn rhai llenyddiaethau ethnig, rhaid cofio bod y traddodiad barddol Cymreig ac Islandeg ill dau yn rhai caeth, ac mae'n ddiddorol gweld y tueddiad yn y ddwy lenyddiaeth dros y môr i addasu i bynciau newydd. Yn yr un modd, wrth ymdrin â llenyddiaeth Islandeg o Ganada, mae Daisy Neijmann yn tynnu sylw at y ffaith nad oedd y nofel neu'r stori fer wedi datblygu eto yn Ynys yr Iâ, ac am y rheswm hwn, ambell waith mae'r ymdrech i greu nofel neu stori fer yn y sefydliad ym Manitoba yn methu am yr un fath o resymau ag a welir yn hanes rhyddiaith Gymraeg y Wladfa. Ond yn ddiddorol sylwa'r un beirniad fod hyn yn gyfle i ryddiaith ddatblygu yn ei ffordd ei hun, mewn ffordd sydd yn hollol berthnasol i'n dealltwriaeth o hanes rhyddiaith yn y Wladfa:

> It means that fiction writers had more freedom to experiment than did poets, who worked in a time-honoured tradition and were under severe pressure to preserve this heritage with their work. In the hands of the most capable writers Icelandic immigrant fiction becomes an intriguing experiment in creating a literary vehicle for the negotiation and construction of an appropriate New World identity that encompasses both the Old and the New. Immigrant fiction is importantly shaped by a documentary impulse, recording the settlement experience and how to survive it ...[4]

Mae'n amlwg wrth ystyried y ddwy lenyddiaeth uchod nad yw pob carfan fewnfudol yn dilyn yr un trywydd yn eu llenyddiaeth newydd, os ceir llenyddiaeth o gwbl. Mae enghreifftiau eraill lle ceir y tueddiadau a welir yn llenyddiaeth Islandeg Canada, ond un o'r amodau angenrheidiol, fe ymddengys, yw poblogaeth gydlynol mewn man daearyddol cymharol gyfyng. Mae llenyddiaeth Ffrangeg Lloegr Newydd yn cydymffurfio â'r patrwm hwn gan fod trefi diwydiannol fel Lowell a Worcester, Massachusetts wedi profi ymfudaeth dorfol o ardaloedd gwledig Québec rhwng tua 1870-1930. Daeth yr ymfudwyr â'r iaith Ffrangeg a'u diwylliant Canadaidd-Ffrengig i fyd newydd yr Unol Daleithiau, ond oherwydd eu crefydd ac addysg bu modd sicrhau parhad y Ffrangeg a pheth llenydda yn yr iaith tan ganol yr ugeinfed ganrif. Un o blant yr ymfudaeth hon oedd Jack Kerouac, y bardd *beat*, ac mae ei weithiau cynnar yn frith o ymadroddion yn Ffrangeg, ac awgrymir bod rhai o'i storïau cyntaf nas cyhoeddwyd yn Ffrangeg yn unig.[5] Mae'n arwyddocaol hefyd fod creu papurau newydd Ffrangeg yn Lloegr Newydd wedi bod yn fodd yn y lle cyntaf i ledaenu llenyddiaeth yn y gymdeithas honno. Cawn weld hefyd bwysiced oedd creu *Y Drafod* yn y Wladfa o safbwynt llenydda (ac mae hyn yn wir hefyd am *Y Drych*, papur newydd Cymry Gogledd America, yn Gymraeg yn bennaf tan tua 1942).[6]

Gellir awgrymu bod modd gweld gwahanol gategorïau, yn dibynnu i raddau helaeth ar lythrennedd a llenyddiaeth yn y mamwledydd. Fel dosbarth o ysgrifennu, mae llenyddiaeth ethnig neu lenyddiaeth 'leiafrifol' wedi bod yn araf ennill ei phlwyf fel maes astudiaeth, yn enwedig mewn gwledydd lle ceir o hyd batrymwaith o ieithoedd a chymunedau ieithyddol 'answyddogol'. Mae llawer o broblemau yng nghyswllt y fath dermau gan fod gwahaniaethau mawr yn hanes, diddordebau a ffurfiau'r llenyddiaethau hyn yn tanseilio'r fath beth â chategori credadwy a chydlynol ar gyfer pob un gyda'i gilydd.[7]

*   *   *

Wrth droi at lenyddiaeth y Wladfa, gellir gweld llawer o debygrwydd rhwng amgylchiadau'r ymfudol, yr ymlyniad wrth

50

lenyddiaeth yn y famwlad, a'r dymuniad i sicrhau parhad i'r llenyddiaeth mewn gwlad newydd. Ond nid difyrrwch neu adloniant mo lenydda yn y Dyffryn fwy na'r un gweithgarwch, dyweder, ymhlith Islandiaid Manitoba, na Chanadiaid-Ffrengig Lloegr Newydd, heb sôn am lenyddiaeth *Yiddish* Montreal.[8] Rhan o'r ymateb hynod emosiynol yw'r llenydda hwn yn wyneb ffeithiau newydd: newid gwlad, a cheisio ymwreiddio a dod i delerau â'r ymdrech i gadw hunaniaeth, er sylweddoli bod peth newid yn anochel. Barn R. Bryn Williams - a hynny ym 1949 - oedd na chynhyrchwyd llenyddiaeth fawr yn y Wladfa, ond mynnai y dylem gydnabod gwerth yr arbofi.[9] Wrth arbrofi, golygai fod arwyddion yn llenyddiaeth newydd y Wladfa ei bod yn ymgydnabod â hanes y Gwladfawyr er 1865, a derbyn bod dylanwadau 'estron' yn dderbyniol. A hyn yw craidd y mater o safbwynt deall arwyddocâd llenyddiaeth orau'r Wladfa, sef ei bod wedi canolbwyntio ar greu Eisteddfod y Wladfa, y sefydliad diwylliannol pwysicaf yno, a chreu corff o ryddiaith, sydd yn dal heb ei chydnabod yn llwyr, sy'n ymdrin â phrofiad y Gwladfawyr wrth iddynt gydnabod arwyddocâd eu hanes eu hunain fel sylfaen eu hunaniaeth newydd. Canolbwyntir felly yn bennaf ar y ddau beth hyn yn yr ysgrif hon, gan gydnabod yr un pryd na ellir eto wneud cyfiawnder â llenyddiaeth y Wladfa yn ei chyfanrwydd hyd nes y cesglir y defaid crwydrol yn ôl i'r gorlan, oherwydd mae llawer o destunau yn dal mewn llawysgrifen ar chwâl drwy'r Dyffryn a'r Cwm. Yn y Wladfa, roedd sefydlu'r eisteddfod leol a 'thaleithiol' yn gam pwysig yn yr ymdrech i warchod hunaniaeth ddiwylliannol y Dyffryn a'r Cwm o fewn muriau caer a gynrychiolai syniad y Cymry am yr iaith fel prif gyfrwng eu parhad a'u cyraeddiadau artistig mwyaf aruchel. Nid yw'n syndod fod yr Eisteddfod Wladfaol wedi ei chynnal am flynyddoedd yn Neuadd Dewi Sant yn Nhrelew, na chwaith fod yr eisteddfod heb gael ei chynnal yn rheolaidd yn ystod y cyfnod pan aeth yr hunaniaeth Gymreig ar drai yn y Dyffryn, sef 1940-65.

Cawn rywfaint o hanes cynnar yr Eisteddfod gynnar mewn ysgrif ddienw a gyhoeddwyd yn *Y Drafod*.[10] Seilir yr erthyglau ar ddraethawd a gyflwynwyd ar gyfer Gŵyl Lenyddol a Cherddorol Dolavon yn Nhachwedd 1941. Mae'r awdur ieuanc ond dienw'n awgrymu bod eisteddfod yn cael ei chynnal ym 1877 yn Nhre-Rawson ond heb roi manylion, ond y tebyg yw fod amryw 'eisteddfodau' wedi eu trefnu fel rhan o weithgareddau'r capeli.

Dim ond tri neu bedwar o gapeli a fodolai erbyn 1877,[11] a'r cyfeiriad cynharaf o bosibl at eisteddfod o unrhyw fath yw cofnod John Coslett Thomas yn ei *Hunangofiant*. Sonia am gymryd rhan mewn eisteddfod mewn pabell ger ysgol Glyn Du (nid nepell o Dre-Rawson) tua blwyddyn ar ôl i'r teulu gyrraedd o Gymru ym 1875. Mae'n bosibl mai eisteddfod i blant ysgol Dalar Evans oedd honno, a gwyddom i Coslett Thomas orfod adael yr ysgol ym Medi 1876:

> I tried to recite a piece in an Eisteddfod that was held in a tent near this school house soon after we got there (1875), but did not win because my pronunciation was incorrect.[12]

Yn ôl awdur yr erthygl collwyd llawer o gofnodion yr eisteddfodau cynharaf gan orlif mawr 1899, nid yn unig archifau gwerthfawr R. J.Berwyn ond archifau sawl un arall gan gynnwys Lewis Jones. Mae'n hallt ei feirniadaeth ar awdurdodau'r *Drafod* hefyd am beidio â chadw hen rifynnau'r papur a fyddai'n gloddfa o wybodaeth am yr egin eisteddfod yn y Dyffryn. Man cychwyn yr ŵyl wladfaol oedd llwyddiant economaidd y Dyffryn yn dilyn creu system newydd o ddyfrhau a thrwy hynny gael cynaeafau ffyniannus, a fu'n ysgogiad i luoedd heidio o Gymru i'r wlad newydd. Mae'r un awdur yn cofnodi i eisteddfod gael ei chynnal yn Nhre-Rawson mor bell yn ôl â 1877 pan gafwyd '[c]ryn dipyn o gystadlu'. Yn y blynyddoedd dilynol, mae sôn am rai eisteddfodau a gynhaliwyd yn y Glyn Du a'r Fron Deg. Ymddengys fod yr eisteddfod yn dechrau cael ei thraed dani yn y flwyddyn 1891 pan gynhaliwyd yr hyn a alwyd yn 'Eisteddfod Gyffredinol y Wladfa' ar 21 Awst. Y gwahaniaeth mawr rhwng hon a phopeth a fu cyn hynny yn y Wladfa oedd yr ymdrech i dynnu holl gymunedau'r Dyffryn at ei gilydd. Yr oedd cynrychiolwyr o bob ardal ar ei phwyllgor o bob cwr o Ddyffryn Camwy. Nid oes syndod bod rhai o enwogion cynnar y Wladfa wedi chwarae rhan allweddol yn yr eisteddfod hon. Yr ysgrifennydd oedd R.J. Berwyn, y trysorydd oedd T. T. Awstin,[13] ac o bosibl 'Cadfan Gwynedd' (Huw Huws) oedd cadeirydd y pwyllgor. Mae'n arwyddocaol fod poblogaeth y Dyffryn wedi cynyddu i ryw 2125 erbyn 1891 (gan gynnwys 15 o gapeli),[14] a hynny'n bennaf fu'n fodd i'r fath weithgarwch ddatblygu, wrth i'r byd amaethyddol ffynnu, a'r gymuned yn profi ei hoes aur fel petai. Rhaid cadw mewn cof bwysiced oedd yr eisteddfod yng Nghymru ei hun erbyn hyn er cyfnod ei haildrefnu yn ystod 1880-1. Roedd byd o wahaniaeth yn y modd yr ystyrid yr eisteddfod yng Nghymru yng nghyfnod y fintai gyntaf, neu fintai'r *Mimosa*, o'i gymharu â chyfnod degawd olaf y ganrif, a dylanwad John Morris-Jones ac eraill bellach i'w deimlo. Does dim dwywaith nad oedd y newidiadau hyn yn rhan o'r gynhysgaeth ddiwylliannol a ddaeth gyda llawer o'r minteioedd newydd i'r Wladfa rhwng 1885 a 1914.[15] Haera awdur yr erthygl ar hanes yr eisteddfod fod y mwyafrif o boblogaeth y Wladfa yn bresennol yn Eisteddfod 1891, ac yn yr ŵyl hon hefyd y cafwyd seremoni'r orsedd dan arweiniad yr 'Archdderwydd' Gutyn Ebrill. Deellir mai mewn hen ystordy hirgul y cynhelid yr eisteddfod hon. Tybed nad ystordy John Murray Thomas oedd hwn, gŵr busnes o Gymro a ddaeth i'r Wladfa gyda'r *Mimosa* pan oedd yn ddyn ifanc, ond a gafodd ei brentisiaeth fel cyfrifydd yn Buenos Aires cyn dychwelyd i'r Dyffryn ym 1874? Bu mynd mawr ar y cystadlaethau cerddorol, ond yn anffodus ni chafwyd teilyngdod ar gyfer cadair Tre-Rawson y flwyddyn honno. Yn ôl Osian Hughes, un o'r ddau a ymgeisiodd am y gadair honno oedd Morgan Philip Jones, a'r beirniad oedd Thomas. G Pritchard.[16] Mae amrywiaeth y cystadlaethau'n adlewyrchiad o gyraeddiadau diwylliannol y Dyffryn erbyn degawd olaf y ganrif. William R. Jones, Robert R. Jones a Robert Adna Davies oedd beirniaid y cystadlaethau cerddorol. Probert Evans oedd beirniad y cystadlaethau adrodd, yn eu plith cyflwyno rhan o *Hamlet* yn Gymraeg. Am y Gadair, y testun oedd 'Afon Camwy', ond un cais yn unig a gafwyd, gan y bardd Glan Tywi (Thomas G. Pritchard), ond fe'i caed yn annheilwng a chafwyd cadair wag.[17] Nid oedd yr awdurdodau yn absennol ychwaith, a thraddodwyd areithiau Sbaeneg gan Dr Horacio A. Reale ac Alejandro A. Conesa, ysgrifennydd y Brwydfa yn Rawson.

Mae'n gwestiwn mewn gwirionedd i ba raddau y bu'r Eisteddfod Wladfaol yn hwb i lenyddiaeth y Dyffryn a'r Cwm yn y cyfnod cynharaf, hyd at oddeutu 1910. Rhoddodd R. Bryn Williams ei fys ar y bai amlwg pan dynnodd sylw at brinder beirniaid cymwys i feirniadu cynnyrch y gadair.[18] Yr unig ddewis oedd i'r beirdd eu hunain fod yn feirniaid, rhai fel Gutyn Ebrill (Griffith Griffiths), Glan Tywi (T. G. Pritchard), Casnodyn (y Parch. William C. Rhys), Glan Caeron (William H. Hughes), ac ar ôl 1917, Arthur Hughes.[19] Bu pob un o'r beirniaid hyn yn cystadlu hefyd rhwng tua 1880-1911, yn ogystal â beirdd eraill megis Morgan Philip Jones, Lewis Evans (a fu'n feirniad unwaith yn Eisteddfod 1898 gyda Glan Caeron), a Gwilym Lewis. Mae'n arwyddocaol na ddewisodd R. Bryn Williams lawer o gynnyrch y cyfnod cynnar hwn i'w gynnwys yn ei gyfrol *Awen Ariannin*. O safbwynt y gynghanedd, fel y dywed ei hun, ymddengys fod caethiwed y canu caeth yn ormod o dreth, heblaw am yr englyn ac ambell hir-a-thoddaid. Er gofyn am awdl mewn cynghanedd yn eisteddfod y Gaiman 1892, nis cafwyd, ac er gwaethaf pob cyfaddawd i ganiatáu peth cynghanedd, mae'n amlwg nad oedd digon o gefndir i sicrhau cerddi hir yn y mesurau caeth. Mae colofnau'r *Drafod* yn ystod degawd olaf y ganrif yn ddigon o dystiolaeth i barhad yr englyn, ond ceid diffyg hyder i arbrofi mewn cyfeiriadau newydd. Roedd 1911 yn drobwynt er hynny, a'r hen do yn graddol ddiflannu o'r llwyfan yn llythrennol. Erbyn hynny roedd poblogaeth y Wladfa wedi cael ei sigo droeon, yn bennaf gan orlifiadau yn y Dyffryn, a'r newid cynyddol yn nifer y rhai a ddaeth i ymgartrefu yno o wledydd fel yr Eidal a Sbaen, nes creu ymdeimlad o ddiffyg hyder yn nyfodol tymor hir y diwylliant Cymreig yn Ariannin. Aeth rhai i Ganada ym 1902, gan gyhoeddi adroddiadau deniadol a gobeithiol am eu llwyddiant yn *Y Drafod* a'r *Drych*. Awgrymwyd y dylid efallai symud y gymuned i Dde Affrica neu Awstralia, ond aros a wnaeth y mwyafrif llethol gan barhau i greu'r amodau a fyddai'n sicrhau bod rhai sefydliadau Cymreig yn dal eu tir, a'r eisteddfod oedd un o'r pwysicaf o'r rhain.

Yn yr eisteddfodau ar ôl 1911, gwelir tueddiad i chwilio am feirniaid yng Nghymru, rhai fel Dyfnallt, Pedrog, Ben Davies,

Gwili, a Dewi Emrys. Ond nid oedd y beirdd i gyd yn rhai eisteddfodol, ac yn wir byddai'n gamgymeriad rhoi gormod o sylw i garfan y brifwyl yn y Wladfa am y cyfnod hwn. Oni bai am fodolaeth *Y Drafod* ac ambell gyfnodolyn arall, byddai perygl i waith y beirdd hyn ddiflannu o'n sylw yn gyfangwbl, ac nid gor-ddweud yw honni bod cryn dipyn o farddoniaeth wedi ei cholli o'r herwydd. Mae R. Bryn Williams yn cyfeirio'n ogleisiol at femrwn o waith Hywel Ddu o Arfon, clerigwr a gymerodd ofal Eglwys Llanddewi yn y Dyffryn Uchaf. Cynganeddwr medrus oedd Hywel Ddu a'i waith ar gael ar y memrwn hwn, ond gellir holi ble mae'r crair arbennig hwnnw erbyn heddiw.[20] Bardd arall a droes ei sylw at y mesurau caeth oedd Deiniol (Daniel Rees Daniel) a fagwyd yn y Dyffryn. Daeth yn bencampwr ar y mesurau hyn ac ennill yn gyson ar yr englyn. Er bod casgliad helaeth o'i englynion ar gael mewn llawysgrif yn un o lyfrgelloedd y Dyffryn, mae rhai enghreifftiau o'i waith wedi eu cyhoeddi, er enghraifft, yn *Awen Ariannin*, ac ar chwâl drwy golofnau'r *Drafod*. Nid oedd bri ar gyhoeddi llyfrau o farddoniaeth Gymraeg yn y Dyffryn yn y cyfnod, ond cyhoeddwyd un gyfrol o waith bardd gwladfaol sef Lewis Evans (Meudwy), a hynny yng Nghaernarfon ym 1924.[21] Bu farw'r bardd ym 1908, ac fel cyfrol deyrnged y bwriadwyd hon yn anad dim, ond mae ei waith yn adlewyrchu'n eithaf teg safon a diddordebau barddoniaeth Dyffryn Camwy yn negawd olaf y ganrif. Hyd nes y cyhoeddir enghreifftiau eraill o waith rhai o feirdd y cyfnod hwnnw, mae'n debyg y bydd rhaid derbyn gwaith Lewis Evans (Meudwy) fel enghraifft nodweddiadol o farddoniaeth diwedd y ganrif a dechrau'r ugeinfed ganrif yn y Wladfa. Mae tipyn o ddylanwad Ceiriog ar y gwaith, a nifer o'i gerddi'n rhai achlysurol, ac ambell un wedi ei llunio ar gyfer ei chanu. Ymhlith y rhai mwyaf diddorol o bosibl yw'r rhai sy'n sôn am y Dyffryn, ei phobl, ei lleoedd a'i hanes. Yn sicr roedd wedi dysgu ei grefft, a medrai addasu hynny at ei gerddi telynegol yn bennaf.

Fel y gwyddys, ni chynhaliwyd eisteddfodau yn y Wladfa ond yn achlysurol ar ôl dechrau'r Ail Ryfel Byd. Dyna gyfnod cadair gyntaf Irma Hughes de Jones a Morris ap Hughes, dau sy'n allweddol i'n dealltwriaeth o gyfeiriad barddoniaeth yn dilyn y rhyfel ac yn ystod y blynyddoedd mwyaf tywyll i ddiwylliant Cymraeg y Dyffryn, cyn cyfnod y dathlu a'r aileni ym 1965.[22]

Fel sy'n digwydd o dro i dro yn hanes llenyddol y Wladfa, o'r ail genhedlaeth y daeth Morris ap Hughes, yn fab i frodor o Ffestiniog a fu'n ymhel â barddoniaeth, ac yn gyfarwydd â nifer o feirdd yng Nghymru. Daeth Morris ap Hughes i'r amlwg gyntaf ar ôl 1942 pan enillodd gadair y Dyffryn am gyfres o gerddi gwladfaol (y beirniad oedd William Williams sef Prysor). Gellir honni bod Morris ap Hughes, o safbwynt ei destun a'i fynegiant, yn dod yn weddol agos at ddiffiniad Bhabha o'r 'hybrid moment' pan fo dau ddiwylliant yn dod wyneb yn wyneb gan greu gwrthdaro nes esgor ar ffurfiant newydd. Cyhoeddodd ei ddiweddar fab Osian Hughes lyfryn lle ceir nifer helaeth o drosiadau ei dad o emynau traddodiadol Cymraeg i'r Sbaeneg. Roedd angen cymdeithasol am y fath weithgarwch, ond mae hyn hefyd yn arwydd o ddwyieithrwydd y llenor hwn, mewn cymdeithas ddwyieithog, a'i fedr yn y ddwy iaith yn gyfartal. Ac ef ei hun hefyd yn fardd, parhaodd ei fab â'r un gwaith, ac mae cyfieithu clasuron Cymraeg y Wladfa i'r Sbaeneg wedi mynd yn rhan anhepgor o drosglwyddo'r etifeddiaeth Gymreig i gynulleidfa gyfoes.

Fel y gwelsom yn achos beirdd eraill eisoes, mae llawer o waith Morris ap Hughes ar chwâl, ond cyhoeddwyd digon mewn blodeugerddi i weld tueddfryd ei ganu. Gwelodd rhai olau dydd yn gyntaf yn Y Drafod. Mae'n amlwg bod ffurf y faled yn hoff ganddo, yn aml yn fodd i adrodd stori o hanes y Wladfa, ac yn hyn o beth gwelwn gysylltiad rhwng ei farddoniaeth â phrif bynciau rhyddiaith y Wladfa. Mae Llofruddiaeth Aaron Jenkins yn ganadwy iawn, a da fyddai meddwl mai dyna oedd bwriad y bardd. Enillodd y faled y gadair i Morris ap Hughes ym 1950, er iddi gael ei chyfansoddi beth amser cyn hynny. Gellir ei chymharu â baled arall ar bwnc hanesyddol o waith R. Bryn Williams sef Stori'r Baceano a gyfansoddwyd yn y 1940au. Roedd Morris ap Hughes ymhlith yr ychydig a ddaliai i ymarfer y mesurau caeth, er mai ar yr englyn y rhoddid y pwyslais erbyn hynny. Ceir amryw byd o'i englynion yn *Y Drafod* fel yr un enwog a gyfansoddodd i'r mosgito. Er bod cerddi ganddo ar bynciau preifat ac achlysurol, ymddengys iddo gadw ei brif awen ar gyfer pynciau hanesyddol, ond mewn arddull slic a chofiadwy. Cafodd lwyddiant ar sawl achlysur yn eisteddfodau'r Dyffryn. Un o'i gyfansoddiadau mwyaf uchelgeisiol o ran crefft yw'r gerdd a enillodd iddo gadair y Wladfa ym 1968. Mae'r teitl *Ymgyrch Fontana* yn cyfeirio at daith y Rifleros (Cymry yn bennaf) dros y Paith ym 1885 dan arweiniad y Rhaglaw Fontana. Mae'n gyfansoddiad rhyfedd o ran ei ieithwedd, yn gyfuniad o iaith goeth gynganeddol ac iaith sathredig. Ar y cyfan caiff well hwyl ar y gerdd a enillodd gadair arall iddo'r flwyddyn ganlynol; roedd honno ar bwnc hanesyddol drachefn, sef dihangfa y carcharorion o Punta Arenas ym 1875 a arweiniodd yn y pen draw at lofruddiaeth Aaron Jenkins, digwyddiad ffurfiannol arall yn hanes cynnar y Wladfa. Baledol yw'r arddull, heb y cyffyrddiadau cynganeddol a welwyd yn gynharach.

Er fy mod wedi crwydro ymhell i'r cyfnod ar ôl 1945, credaf fod gwaith Morris ap Hughes yn rhychwantu dau gyfnod a dau ddiwylliant. Gweithio o fewn dau draddodiad yr oedd Morris ap Hughes, yn bendant ei farn fod hanes y Cymry yn rhan o hanes epig Ariannin ei hun. Er y gellir honni bod baledi Morris ap Hughes yn atgoffa rhywun o faledi'r ddeunawfed ganrif yng Nghymru, rhaid peidio ag anghofio cerddi hir tebyg yn Sbaeneg fel yr enwog hanes am y gaucho *Martín Fierro* gan José Hernández.

*   *   *

Yn ei draethawd hir ar bwnc rhyddiaith y Wladfa ym 1949, mynegodd R. Bryn Williams ei siomiant wrth fwrw golwg dros y rhyddiaith Gymraeg.[23] O edrych eto ar eisteddfodau'r Dyffryn am ennyd, buan y gwelir mai prin oedd y rhai a fentrodd gynnig am y gwobrau mewn rhyddiaith, ac fel a ddigwyddai yn achos barddoniaeth, yr un rhai a gystadleuai heblaw pan fyddent yn beirniadu! Annheg hefyd yw ceisio barnu gwerth y rhyddiaith ar sail traethodau eisteddfodol, yn enwedig pan gafwyd testunau anniddorol a diddychymyg. Dylid nodi, serch hynny, fod adran ryddiaith yr eisteddfodau cynnar wedi agor y drws i ferched, rhywbeth nad yw'n amlwg iawn pan ystyrir barddoniaeth yr adeg honno. Erbyn ail ddegawd yr ugeinfed ganrif, bu ymdrech i adlewyrchu rhai o themâu canolog y bywyd Cymreig yn y Wladfa megis 'Lle yr Elfen Gymreig yn y Bywyd Archentaidd' yn Eisteddfod 1918.[24] Ond fel yr awgrymwyd eisoes, nid ar sail y fath bethau y deellir gorchestion rhyddiaith y Wladfa yn yr ugeinfed ganrif. Roedd sefydlu nifer o bapurau newydd yn Nyffryn Camwy, ac yn arbennig *Y Drafod* (1891-), yn allweddol bwysig wrth sicrhau cynulleidfa, a llwyfan i'r rhai a fynnai leisio barn, cofnodi hanes neu fentro rhoi mynegiant i'r dychymyg mewn rhyddiaith Gymraeg. Roedd rhagflaenwyr papur newydd Lewis Jones (*Y Drafod*), sef *Y Brut* ac *Ein Breiniad* eisoes wedi agor y drws, ond nid oedd neb wedi gosod rhaglen ddiwylliannol glir o flaen ei gyhoedd fel Lewis Jones. Ei bennaf amcan, meddai, fyddai 'gwasgar dylanwad darllen a meddylio', a sicrhau bod cyfle i ddarllenwyr hogi eu meddwl a datblygu meddylfryd beirniadol. Er na fu pawb yn danysgrifwyr i'r papur yn ystod ei oes aur (tri degawd cyntaf ei fodolaeth), roedd dylanwad y papur yn eithaf eang. Trwy gyfrwng colofnau'r *Drafod*, gellir olrhain nid yn unig brif ddigwyddiadau'r dydd yn y Dyffryn, Cwm Hyfryd, a'r Weriniaeth, heb sôn am bellafoedd byd, ond hefyd aeth yn archif ar gyfer hanes cynharach y Wladfa, yn enwedig wrth i'r chwiw adrodd hanes y glaniad a'r blynyddoedd wedyn gydio yn rhai awduron yn y cyfnod pan oedd yr hen genhedlaeth yn dechrau cilio. Bydd modd dychwelyd at yr agweddau hyn ar ryddiaith y Wladfa maes o law wrth ystyried mor bwysig oedd ysgrifennu hanes y Wladfa o fewn cyd-destun yr hunangofiant.

Mae R. Bryn Williams yn defnyddio'r gair 'arbrofol' i ddisgrifio gwaith nifer o lenorion yn y Wladfa o ddechrau'r ugeinfed ganrif, ac ychydig cyn hynny.[25] Gall y term ymddangos yn gamarweiniol ar un wedd, gan mai ychydig sydd yn wirioneddol arbrofol yng ngwaith rhai fel Eluned, Robert Jones a Lewis Evans. Datblygiadau a welwn yn hytrach ar dueddiadau a gaed eisoes yn y genhedlaeth flaenorol, ond gyda mantais llwyfan i gyhoeddi eu gwaith cynnar sef *Y Drafod*. Un o'r llenorion newydd a fentrodd i feysydd newydd oedd un a elwid 'Cyrnol Jones' neu Robert Jones a rhoi iddo'i enw go-iawn. Rhoddodd R. Bryn Williams gryn sylw i'r awdur hwn yn *Straeon Patagonia* (1946), sef cyfrol i blant, ac mewn cyfrol ddiweddarach, *Rhyddiaith y Wladfa* (1949). Roedd gan Bryn Williams ddiddordeb teuluol yn y Cyrnol gan mai brawd i'w nain oedd ef; un o nodweddion ffres y llenor yw ei fod wedi anelu ei straeon at gynulleidfa newydd, sef plant, ac nid plant y Wladfa yn unig ond plant Cymru hefyd. Cyhoeddwyd y rhan fwyaf o'i waith yn y cylchgrawn *Cymru'r Plant* yn ystod y cyfnod 1896-1902. Er i Robert Jones roi cynnig ar ysgrifennu nofel a'i chyhoeddi yn ystod 1896-1897 yn *Cymru*, nid i'r cyfeiriad hwnnw yr oedd meddylfryd llenorion y Wladfa yn symud. Prin bod angen crybwyll nad oedd y nofel wedi ennill ei phlwyf yn gyfangwbl yng Nghymru ei hun, ond nid dyna'r unig reswm am y diffyg diddordeb yn y maes hwnnw.

Ni fyddai wedi bod yn rhwystr cyhoeddi nofel Batagonaidd yn *Y Drafod*, ond ceir yr argraff yn hytrach fod gwir ddymuniad i ail-greu hanes cynharach y Wladfa ar ffurf atgofion am ddigwyddiadau a chymeriadau a fu'n fodd i greu cymuned fechan, ond un a oedd yn prysur ymddihatru oddi wrth fywyd a diwylliant y famwlad. Aeth epig genedlaethol y Gwladfawyr yn brif bwnc rhyddiaith y Wladfa rhwng *c.*1895-1930. Dyma, yn fy marn i, gyfnod euraid llenyddiaeth y Wladfa, ac yng ngwaith prif lenorion y cyfnod mae ailadrodd rhamant a chaledi prif ddigwyddiadau'r cyfnod 1865-1900 yn bwnc sy'n cyfuno ymwreiddiad yn nhir Patagonia, ymdeimlad o greu hanes Cymreig newydd ac ymwybyddiaeth fod newid mawr ar droed a fedrai ysigo seiliau'r Gymru Newydd yn y Dyffryn a'r Cwm. Er na fu modd iddo gael y maen i'r wal, Edwin Cynrig Roberts oedd un o'r rhai cyntaf oll a fwriadai ysgrifennu hanes y Wladfa. Ar ôl iddo farw ym 1893, aeth y Parchedig Abraham Matthews ati i gasglu deunyddiau, a gorffennodd ei gyfrol *Hanes y Wladfa Gymreig yn Patagonia* tra oedd ar ymweliad estynedig â Chymru ym 1894. Ar ryw wedd gosododd Matthews y patrwm ar gyfer sawl hanesydd/hunangofiannwr ar ei ôl: cefndir y syniad am wladfa; penderfynu ar Batagonia; y Fintai Gyntaf ym 1865;

anawsterau'r ddwy flynedd gyntaf; y cysylltiad cyntaf â'r Brodorion; helynt y symud; llwyddo i ddyfrhau'r tir; dechrau masnach gyson; y minteioedd newydd; llofruddiaeth Aaron Jenkins; lladd y tri Chymro yn Kel-Kein; ffurfio Cwmni Masnachol y Camwy; symud y brodorion; pennod ar y brodorion. Rhyddieithol ar y cyfan yw cyfrol Matthews, a dyna oedd y bwriad gan mai propogandydd oedd ef â'i fryd ar ddenu rhagor o sefydlwyr o Gymru. Ychydig o'i hanes ei hun a geir heblaw am ei gyfnod draw yn yr Unol Daleithiau, a hefyd rywfaint o hanes yr anghytgord rhyngddo a Lewis Jones. Lewis Jones, wrth gwrs, oedd un o bennaf sylfaenwyr y Wladfa, ac o Blas Hedd, ei gartref ef a'r teulu, y daeth y cyfrolau nesaf o dan y pennawd hwn. Ei ferch, Eluned Morgan, sydd wedi denu sylw fel un o lenorion pwysicaf y Wladfa os nad y mwyaf, ond y duedd fu i'w gweld fel aderyn brith, un a greodd naws newydd a rhamantaidd mewn llenyddiaeth Gymraeg.[26] Gwir hynny, yn naturiol, ond rhaid cydnabod hefyd ei bod yn rhan o duedd yn ei hoes i droi Patagonia, ei thir a'r hanes Cymreig yn ddeunydd ei llenydda.

Cyhoeddodd Lewis Jones *Hanes y Wladva Gymreig* ym 1898, cyfrol swmpus a'r awdur yn ei ddisgrifio ei hun fel 'sylvaenydd gweithredol y Wladva, a thrigianydd yno er 1864'. Ceir llun o'i gartref ysblennydd, Plas Hedd, ar ddechrau'r gyfrol sy'n awgrym o'r arddull foneddigaidd sy'n nodweddu'r gwaith. Oherwydd fod Lewis Jones wedi cymryd rhan mor weithgar yn holl hanes cynnar y dalaith, ei duedd yw cyfeirio ato'i hun yn y trydydd person fel J.L. mewn dull sy'n awgrym o'r Lewis Jones Plas Hedd a chyhoeddus yn hytrach na Lewis Jones y dyn preifat, efallai mwy ansicr o'i ran yn hanes y gymuned. Nid hunangofiant yw'r hanes hwn fel y cyfryw, ond hanes y Wladfa a'r gweithrediadau y bu ef ynghlwm wrthynt. Oherwydd hyn, mae cyfrol Lewis Jones yn cynnwys llythyrau a manylion o'i archif helaeth. Mae ganddo hefyd ddisgrifiadau cynhwysfawr o dirwedd Patagonia a dyfyniadau o ddogfennau a baratowyd ganddo yn y cyfnod cyn glanio'r fintai gyntaf. Yn fras, mae cynllun y gyfrol yn cyfateb i'r un a fabwysiadwyd gan Matthews, ond bod gan Jones helaethrwydd o wybodaeth i'w hychwanegu. Mae Lewis Jones yn medru cynnwys agweddau eraill ar yr hanes cynnar gan gynnwys 'yr ormes swyddogol' a wynebai wrth ddelio â'r llywodraeth ganolog a'r prwyad cenedlaethol cyntaf (bu Lewis Jones ei hun yn brwyad am gyfnod byr). Pennod ar ddiwedd cyfrol Matthews yw'r un sy'n ymdrin â'r brodorion a'u harferion; mae gan Lewis Jones bennod ynghanol ei lyfr sy'n taflu goleuni ar y cysylltiad rhwng y Cymry a'r brodorion, ond yn bwysicach, y teimlad ar ran y Cymry eu bod wedi cael cam gan y llywodraeth. Bu Lewis Jones â rhan bwysig yn ceisio atgoffa'r llywodraeth am yr anghyfiawnderau hyn. Mae'r bennod hon hefyd yn cynnwys un o'r adroddiadau cyntaf mewn llyfr am ladd y tri Chymro yn nyffryn Kel-Kein ym 1884 gan frodorion y pennaeth Foyel, a dihangfa 'wyrthiol' John Daniel Evans ar gefn ei geffyl Malacara. Daethai'r hanes hwn yn rhan o epig Cymry'r Wladfa, a byddai'n rhan anhepgor o bob hanes am y cyfnod cynnar tan ein dyddiau ni (ond ni chafwyd yr hanes 'swyddogol' gan J. Daniel Evans mewn ysgrifen tan 1934).

Tuedd Lewis Jones yn naturiol yw gweld llawer o hanes y Wladfa yn ymdaro cyson rhwng y boblogaeth leol a'r swyddogion Archentaidd o'r brifddinas, nes creu'r argraff mai cyfres o argyfyngau yw'r hanes hwnnw tan ddyfodiad y rhaglaw newydd Juan Jorge Fontana ym 1885. Ar ôl hynny, a thwf y drefedigaeth hyd at odre'r Andes a chreu'r gymuned newydd yng Nghwm Hyfryd ym 1888, mae gan Lewis Jones olwg fwy cadarnhaol ar y dyfodol, dyfodiad y rheilffordd (yn bennaf oherwydd Jones ei hun), masnach ffyniannus a modd i lenyddiaeth ddatblygu yng ngholofnau'r *Drafod*. Er nad yw Jones yn crybwyll ei fywyd personol, mae ei gysgod ef drwy'r hanes i gyd, ac yn hynny o beth yn nodweddiadol o'r rhyddiaith hanesyddol/hunangofiannol a geir yn y cyfnod hwnnw.

Ar y pryd, roedd Ariannin yn dal yn wlad amlieithog – clywid Sbaeneg, Eidaleg, Almaeneg, Saesneg yn feunyddiol ar strydoedd Buenos Aires - heb sôn am yr ieithoedd brodorol ym Mhatagonia, er bod y rhain eisoes ar drai oherwydd symud neu ddifa'r boblogaeth. Mae Lewis Jones yn tynnu sylw at nifer yr ieithoedd a siaredid yn y Weriniaeth, a diau y credai y byddai croeso i'r Gymraeg hithau yn y patrwm hwn. Roedd ei ferch, Eluned, hefyd wedi ei magu yn yr awyrgylch hwn, ac wedi derbyn ei haddysg yng Nghymru, ac wedi gweithio yn Llundain. Fe gofir iddi gael ei geni ar y môr, a rhoddodd y fath fagwraeth ryddid meddwl iddi yn y dyddiau cynnar a pheth o gymeriad ei thad. Er bod geiriau fel 'rhamantaidd', 'telynegol' a 'synhwyrus' wedi eu harfer i ddisgrifio gwaith Eluned, ni chredaf ei bod mor bell â hynny oddi wrth y don newydd o ysgrifennu gwladfaol, a'i bwyslais ar brofiad hanesyddol cynnar y Gwladfawyr.

Nodweddir ysgrifau a llyfrau Eluned Morgan â'r un angerdd ag a welir yn rhyddiaith Lewis Jones, ac roedd hi wedi cydio yn llinynnau math o ysgrifennu a fodolai eisoes yn y Gymraeg yn y Wladfa, hynny yw, y dyddlyfr teithio. Ond troes hi'r sylfaen yn balas lliwgar a chreadigol. Roedd hi'n arfer cyffredin ymhlith arloeswyr cyntaf y Wladfa i gadw dyddlyfr ar eu teithiau o amgylch Patagonia. Ceir ar glawr hyd heddiw sawl enghraifft o'r arfer hwn ymhlith y Cymry cyntaf a fentrodd i Ariannin. Hyd yn oed cyn i'r fintai gyntaf gyrraedd Bae Newydd ym 1865, roedd Lewis Jones wedi ymweld â'r ardal droeon, ac wedi cadw cofnodion manwl a disgrifiadol. Ceir dyddlyfrau teithio cyffelyb gan Aaron Jenkins, John Murray Thomas, John Daniel Evans, Llwyd ap Iwan, William Meloch Hughes ac eraill am y cyfnod 1864-1904. Cafwyd yr un arfer gan yr arloeswyr Archentaidd: Francisco P. Moreno (*Viaje a la Patagonia Austral*, 1879), Luis Jorge Fontana (*Viaje de Exploración en la Patagonia Austral*, 1886), Carlos M. Moyano (*Patagonia Austral*, 1886). Diau mai'r enwocaf oedd *At Home With the Patagonians* (1871) gan George Chaworth Musters, gwaith a ddylanwadodd ar nifer o'r arloeswyr ymhlith y Cymry fel y dywedodd John Daniel Evans, 'El Baqueano'.

Mae'n anodd credu na fyddai cyfrol George Musters ar silffoedd llyfrau Plas Hedd, heb sôn am ddogfennau ei thad o gyfnod ei ddyddiau cynnar yn archwilio'r tir tu hwnt i Fae Newydd. Roedd stormydd bywyd wedi gadael ei stamp ar y wraig ifanc, yn enwedig wrth iddi dystio i'r trychinebau a ddaeth yn sgil y llifogydd a ddinistriodd ei chartref, a gweld rhan helaeth o boblogaeth y Dyffryn yn gorfod byw mewn pebyll. Mae ei disgrifiad yn un o'i llythyrau ohoni hi ei hun yn carlamu i ffwrdd o'r olygfa ar gefn ceffyl fel adlais od o ddihangfa John Daniel Evans o'r gyflafan yn Kel-Kein tua'r dwyrain.[27] Tua'r gorllewin y marchogodd Eluned, ac o bosibl dyna fan cychwyn ei hadnabyddiaeth o dirwedd Patagonia a fyddai'n ysbrydoliaeth ar gyfer ei rhyddiaith ramantaidd ond hynod wladfaol. Yr atgof am y llifogydd sydd yn agor ei llyfr cyntaf *Dringo'r Andes* (1904), a hynny'n seiliedig ar erthyglau a ymddangosodd yn *Cymru* yn ystod 1899. Daeth y llifogydd hyn yn rhan drychinebus o fytholeg y Wladfa, gan droi Patagonia yn Gymreiciach oherwydd eu bod yn rhan o brofiad y Cymry na thrigai yng Nghymru ond yn Nyffryn Camwy. Yn yr un gyfrol, mae'n adrodd hanes 'Lle'r Beddau', sef Dyffryn y Merthyron lle bu farw'r tri Chymro ym 1884. Mae hyn eto yn bwysig gan ei fod yn canolbwyntio ar leoliad daearyddol fel man cysegredig yn hanes y Cymry yn y Wladfa, a thrwy hynny'n creu'r ymwybod hanesyddol a chenedlaethol angenrheidiol i barhad y syniad gwladfaol. Fel a geir yng nghyfrolau Matthews a Lewis Jones, ceir pennod ar y brodorion sy'n cynnwys llythyr enwog y pennaeth Saihueque a dderbyniodd ei thad ar ddiwedd y rhyfel rhwng byddin Ariannin a thylwythau'r gorllewin. Pen draw'r daith yw cyrraedd Cwm Hyfryd, a gweld ysblander yr Andes, a dychwelir at batrwm y dyddlyfr teithio wrth orffen y gyfrol.

Gellid dadlau mai'r un yw man cychwyn prif waith arall Eluned Morgan mewn rhyddiaith, *Gwymon y Môr* (1909), sef taith, ac o fwrw golwg ar ei bywyd cynnar gwelir iddi fod yn deithiwr o frid. Hwyrach y byddai'n deg awgrymu bod ei diddordeb amlwg mewn gohebu â chyfeillion yng Nghymru, yn enwedig ar sail y llythyrau a gasglodd W. R. P. George a'r rhai at W. Nantlais Williams[28], wedi dod dan ddylanwad y ffasiwn dysgu ysgrifennu llythyr yn ysgolion y Wladfa. Ceir enghraifft lenyddol arall o'r dull hwn yng ngwaith Lewis Evans, *Adlais y Gamwy* (1924), sy'n cynnwys 'Llythyr(au) at Gyfaill yng Nghymru yn dweyd hanes y Wladfa yn y cyfwng presennol'.

Cyfuno hanes gwladfaol a phrofiad personol yw prif nodwedd y rhyddiaith newydd hon ar ddechrau'r ugeinfed ganrif, yn aml yn wyneb newidiadau mawr demograffaidd a gwleidyddol, a'r cyfnod ar ôl y Rhyfel Byd Cyntaf yn peri i'r Cymry ailddiffinio eu lle yn Ariannin. Yng ngwaith John Daniel Evans neu 'El Baqueano' (1862-1943), cawn gyfuniad o brofiad personol uniongyrchol o ddigwyddiadau hanesyddol a thrawsolwg retrosbectif o'r profiad hwn. Un o fintai'r *Mimosa* oedd John Daniel Evans a gyrhaeddodd Fae Newydd yn deirblwydd oed. Wedi cyfnod byr yn gweithio ar fferm ei dad, denwyd ef fel gŵr ifanc at gyffro ac antur y gorllewin pell Patagonaidd. Trwy ymgynefino â'r brodorion daeth yn arbenigwr ar y llwybrau cuddiedig a arweiniai at yr Andes. Trwy groen ei ddannedd y dihangodd ym 1884 pan ymosodwyd arno ef a thri Chymro arall yng nghyffiniau Kel-Kein.[29] Chwaraeodd ran allweddol ym 1885 a 1888 pan weithiodd fel *baqueano* neu arweinydd i'r Rhaglaw Juan Jorge Fontana yn ystod dwy daith ymchwiliadol i'r gorllewin. Aeth y daith gyntaf honno yn rhan o fytholeg hanes cynnar y Cymry ym Mhatagonia, ond er ei phwysiced, roedd arwyddocâd dyfnach i'w ail daith yn ystod 1888 dan arweiniad John Murray Thomas pan aeth carfan o Gymry a'u teuluoedd i'r gorllewin i ymsefydlu yn yr ardal a elwir erbyn hyn yn Gwm Hyfryd. Cadwodd John Daniel Evans nodiadau helaeth yn ystod y teithiau hyn ac yn ddiweddarach er mwyn rhoi gwybodaeth i eraill am y tir. Wrth iddo wella o salwch ym 1914, aeth El Baqueano ati i geisio rhoi trefn ar ei atgofion, a throdd yn y lle cyntaf at y llyfrau nodiadau. Ysgrifennodd ddisgrifiadau o'r prif deithiau, gan barhau â'r gwaith yn ystod y ddau ddegawd nesaf, yn bennaf dan anogaeth ei fab-yng-nghyfraith, Tryfan Hughes Cadfan. Ym 1934 cafwyd yr adroddiad awdurdodol ganddo am ddigwyddiadau Kel-Kein, a pharhaodd i ysgrifennu am ei deithiau ar y cefnfor, i Gymru, y Cyfandir a Chile. Nid fel hanesydd yr ysgrifennai John Daniel Evans, efallai am ei fod mor agos at y digwyddiadau: ei ddull o drin yr 'hanes mythig' hwn oedd rhaffu anecdotau, y naill ar ôl y llall, yn swynol o ddiymhongar, ond wrth roi hanes cynharaf y Wladfa ar lannau Camwy, trodd at atgofion ei dad a'i daid, ac mae blas sgyrsiau'r aelwyd ar y modd y cyflwynir yr hanesion hyn. Oherwydd ei ran yn y teithiau hyn, ac yn enwedig ei ddihangfa rhag y brodorion ar adeg argyfyngus yn hanes Patagonia, trinnid John

Daniel Evans ei hun fel ffigwr mythig, yn bell o olwg y byd yng Nghwm Hyfryd; ac eto yn eironig, ymwrthododd ef â'r persona hwn, ac fel gŵr busnes cyntaf Trevelin a'r cylch y gwelai ef ei hun yn negawdau cyntaf yr ugeinfed ganrif. Mae gwaith John Daniel Evans yn enghraifft dda o dynged llawer o gynnyrch llenyddol y Wladfa. Ychydig iawn o'i waith gwreiddiol a gyhoeddwyd yn ystod ei fywyd, er bod awgrym fod ei fab-yng-nghyfraith yn paratoi ei lawysgrifau i'r *Drafod* cyn iddo symud i fyw yn Buenos Aires. Er bod cyfieithiad Sbaeneg o'i waith wedi ymddangos ym 1994,[30] bu raid aros tan 2004 cyn i'r testunau gwreiddiol Cymraeg yn eu cyfanrwydd weld golau dydd.

Nid oes llawer o dystiolaeth fod gweithiau eraill ar hanes y Wladfa wedi dylanwadu ar John Daniel Evans, er ei fod yn cyfeirio at waith George Chaworth Musters, a *Dringo'r Andes* gan Eluned Morgan (gan anghytuno â dehongliad Eluned o'r digwyddiadau yn Kel-Kein). Ond pan ystyriwn waith William Meloch Hughes, *Ar Lannau'r Gamwy ym Mhatagonia* (1927), cawn ddychwelyd at brif batrwm cyfrolau Matthews a Lewis Jones. Serch hynny, yn wahanol i'r rhain mae'r agweddau personol, hunangofiannol yn gryfach o lawer, bron lawn cymaint â'r hyn a welwyd yng ngwaith John Daniel Evans. Nid oedd William Meloch Hughes yn dyst i lawer o'r agweddau cynharaf ar hanes y Wladfa, gan iddo gyrraedd ym 1881, ond ceir ganddo amlinelliad manwl o fywyd y Gwladfawyr yn y Dyffryn yn ystod dau ddegawd olaf y ganrif honno. Ei brif ddiddordeb oedd bywyd economaidd y Dyffryn; gweithiai fel amaethwr a chyfrifydd Cwmni Masnachol Camwy. Mae ei gyfrol yn ffynhonnell werthfawr am fanylion y cyfnod hwnnw y bu'n chwarae rhan flaenllaw ynddo, ond gwelir hefyd ei fod yn dilyn y math o batrwm a osodwyd gan Matthews. Ceir pennod hirfaith ar y brodorion, yn cynnwys llawer o fanylion nas ceir yn unman arall. Aeth ati i gymharu gwahanol ieithoedd y brodorion, a nodweddion eu crefyddau, a'r modd y cawsant eu trin gan y llywodraeth. Arweinia hyn yn naturiol at adroddiad am y digwyddiadau yn Kel-Kein. Ceir yr argraff fod y disgrifiad o'r achlysur hwn yn dod yn syth o enau John Daniel Evans ei hun gan mor debyg yw rhai o'r geiriau i'r hyn a geir yn ei lawysgrif ef. Yn ddigon naturiol, digwyddiadau'r 1890au sydd amlycaf yn ei benodau mwy hanesyddol, fel yr ymchwil am aur wrth odre'r Andes, yr argyfwng drilio pan orfodid Cymry ifainc y Dyffryn i orymdeithio ar y Sul, cwestiwn y ffin rhwng Ariannin a Chile (a rhan pobl Cwm Hyfryd yn y bleidlais ym 1902), ond yn bennaf o bosibl yr hanes am orlifiadau 1899 a'r dinistr i'r Dyffryn. Mae Hughes yn gorffen ei hanes/hunangofiant ar nodyn eithaf negyddol gan weld dyfodol llewyrchus i'r Dyffryn, ond nid felly i'r bywyd Cymraeg yno. Mae'r gyfrol hefyd yn cynnwys dyddlyfr teithio yn adrodd ei daith gyda John Murray Thomas ac eraill i'r Andes ym 1904. Unwaith eto, cyfunir hanes llewyrchus ond trychinebus y Cymry â'r ymdeimlad o berthyn i'r tir newydd, ac er iddo yntau ddychwelyd i Gymru, ceir yr argraff mai tynged ddi-droi'n-ôl yw tynged y Cymry yn y Dyffryn a'r Cwm. Rhydd Hughes nodyn epig a chlasurol iawn ar ddiwedd ei gyfrol pan sonia am brofiad y Cymry ym Mhatagonia, wrth iddo yntau benderfynu gadael:

> Ni wnaed ar wastadedd Ilion na Latium gynt
> wroniaeth mwy nag ar y Gamwy. Yno wynebasant
> a gorchfygasant ddreigiau Anghydfod, Ymraniadau
> ac Enciliadau; a thrwy ymdrech Ditanaidd
> gwnaethant drefn ar y Caos anelwig.[31]

Un o'r gweithiau rhyddiaith mwyaf arwyddocaol o'r Wladfa ond sy'n dal mewn llawysgrif yw hunangofiant John Coslett Thomas (1862-1934).[32] Daeth teulu Coslett Thomas i'r Wladfa o Drealaw yn ne Cymru ym 1872 yn ystod yr ail don o ymfudo i'r Wladfa. Cafodd fywyd amrywiol fel amaethwr ac athro ysgol yn Ariannin cyn gadael â'i deulu am Saskatchewan, Canada ym 1902. Oddi yno aeth i fyw i Los Angeles lle bu farw. Roedd Coslett Thomas yn ymwybodol o waith rhai fel Abraham Matthews a Lewis Jones fel y gwelir yn ei ragymadrodd, gan iddo geisio dilyn olion eu traed hwy o safbwynt ffurf ei hunangofiant, ond nid adrodd hanes ar wahân i fanylion ei fywyd ei hun a wnaeth, gan ei fod wedi chwarae rhan flaenllaw yn nifer o'r digwyddiadau a fu'n creu hanes 'mythig' am y Wladfa. Yn bennaf oll, digwyddiadau yn gystylltiedig â'r ymosodiad yn Kel-

Kein yw'r rhain (bu'n rhan o'r garfan a aeth allan o'r Dyffryn i
gladdu'r tri Chymro), ond yn bwysicaf ei ran yn y 'rhuthr aur' i
ardal Teca yn yr Andes yn y 1890au. Ond er iddo adrodd darnau
o hanes y Wladfa y cymerodd ran ynddynt, cadwodd hefyd at
strwythur llyfrau Matthews a Lewis Jones. Ar ôl y penodau
cyntaf lle ceir hanes y teulu'n penderfynu mynd i Batagonia, y
paratoadau, a'r daith yn Hydref 1875 i'r Wladfa, cawn dair
pennod yn disgrifio hanes a daearyddiaeth y rhanbarth, hanes y
Fintai Gyntaf (Mimosa), ac ar ôl pennod gyfan ar drychineb Kel-
Kein, ceir pennod yn ymdrin â nodweddion y brodorion nad
yw'n seiliedig - hyd y gwyddys - ar benodau cyffelyb yng
ngwaith awduron eraill. Am y gweddill, hanes bywyd Coslett
Thomas a geir, hanes sy'n deuluol ac yn gymdeithasol ar yr un
pryd ac yn ffynhonnell hynod werthfawr. Nid oes sôn o gwbl yn
ei waith am y 'syniad gwladfaol' na Chymreictod y Dyffryn fel a
geir gan W. Meloch Hughes, er enghraifft. Mae'n ymddangos
iddo gymryd ei Gymreictod yn ganiataol, ac er iddo dreulio chwe
blynedd yn Sauce Corto yn nhalaith Buenos Aires, ac wedyn
byw yng Nghanada a'r Unol Daleithiau, chwaraeodd ran
flaenllaw ym mywyd Cymreig y lleoedd hyn, a chyfrannu'n
gyson i'r wasg Gymreig yng Ngogledd a De America. Mae ei
hunangofiant yn ffynhonnell bwysig hefyd er mwyn deall
agwedd meddwl pobl y Dyffryn yn ystod argyfwng y drilio (pan
orfodir dynion ifainc i ddrilio ar y Sul), diwedd yr ysgolion
Cymraeg, a'r penderfyniad amhoblogaidd i fynd gyda chriw
mawr i Ganada ym 1902. Heblaw am yr agweddau hanesyddol
manwl iawn a geir ganddo, ni ellir ond sylwi hefyd ar ei arddull.
Nid yw'n debygol iddo lunio ei hunangofiant cyntaf tra'n dal i
fyw ym Mhatagonia; yn sicr mae tystiolaeth glir fod yr ail
fersiwn a'i gyfieithiad ei hun o hanner cyntaf y gwaith wedi eu
cwblhau ar ôl 1927.[33] Un agwedd ar yr hunangofiant hwn sy'n
denu sylw'r darllenydd yw'r defnydd o sgwrs yn y testun. Gan
iddo ddod i gysylltiad â chynifer o enwogion y Wladfa gynnar,
mae Coslett Thomas yn atgyfodi eu hunion eiriau, neu fel hynny
yn sicr y mae'n ymddangos. Yn naturiol, mae hyn yn
cynysgaeddu'r gwaith â nodweddion nofel ar brydiau. Ar y llaw
arall, ac yntau wedi byw blynyddoedd olaf ei fywyd yn bell o
gymuned naturiol Gymraeg, mae tuedd iddo fabwysiadu arddull

glogyrnaidd a Seisnigaidd ambell waith. Yn sicr, i hanesydd a beirniad llenyddol, mae clywed 'union eiriau' Lewis Jones, Llwyd ap Iwan, Abraham Matthews, John Murray Thomas ac eraill, heb sôn am rai o swyddogion y llywodraeth yn codi cwestiynau diddorol am hanes llafar a chreadigaeth lenyddol, ac yn yr achos hwn ni ellir bod yn gwbl sicr pa un sydd amlycaf.

Bu eraill hefyd yn cyfrannu i'r ffrwd hon o hanes ac atgofion personol sydd, yn fy marn i, yn dod mor agos at ethos pobl y Wladfa ac yn mynegi orau eu profiadau hanesyddol. Ymhlith awduron eraill a fanteisiodd ar fodolaeth Y Drafod i gyhoeddi eu gwaith, rhaid crybwyll Richard Jones, Glyn Du, awdur Y Wladfa Gymreig (Y Drafod, 1919-20), a Thomas Jones, Glan Camwy, awdur Hanes Cychwyniad y Wladfa ym Mhatagonia (Y Drafod, 1926). Un arall o hunangofianwyr cynnar y Wladfa oedd y Parch. William Casnodyn Rhys a luniodd ei waith Pioneers in Patagonia yn Saesneg.[34]

Ar ôl tua 1945, bu lleihad yn nifer y rhai a deimlai'n hyderus wrth ysgrifennu rhyddiaith Gymraeg, er bod eithriadau amlwg. Un o'r rhain oedd Evan Thomas, a fu'n olygydd Y Drafod ar un adeg. Enillodd gadair y Wladfa ym 1944 a 1947, ond ym marn R. Bryn Williams roedd Evan Thomas yn rhagori yn yr ysgrif, a chredai hefyd mai'r ysgrif oedd prif nodwedd rhyddiaith y Wladfa.[35] Yn sicr, ar ôl cyfnod yr haneswyr/hunangofianwyr, dyna oedd prif faes rhyddiaith Gymraeg y Wladfa. Un o'r rhesymau niferus am hyn yw'r diffyg llwyfan heblaw'r papur lleol, a detholiadau o atgofion gwladfaol yng Nghymru. Ond o gyfyngu rhyddiaith i'r ysgrif a'r stori fer, cafwyd er hynny waith pwysig a pharhaol. Er yr adnabyddir Irma Hughes de Jones yn bennaf fel bardd, cafwyd amryw byd o ysgrifau a storïau byrion ganddi. Prin y dylid synnu bod iaith mor goeth gan un a fu'n ferch i Arthur Hughes ac yn wyres i Gwyneth Vaughan, ond ni ellir ond sylwi mai rhythmau Cymraeg y Wladfa a glywir yn hytrach nag iaith Cymru.[36] Gan iddi gyfansoddi ei phrif weithiau ar ôl yr Ail Ryfel Byd, ni roddwyd sylw i waith y llenor pwysig hwn yn yr ysgrif hon. Dylid nodi, er hynny, iddi ennill ei chadair gyntaf yn eisteddfod Gaiman ym 1946.

Anelid yn yr ysgrif hon at greu argraff o'r modd yr aeth llenorion y Wladfa, yn feirdd a rhyddieithwyr, ati i fynegi hunaniaeth newydd y Gwladfawr, a hynny ar seiliau cwbl Gymreig rhwng 1880 a 1945. Adlewyrchir yr hunaniaeth newydd hon yn y byd llenyddol yn y modd y crewyd sefydliadau fel yr eisteddfod a geisiodd hybu'r hen grefft, a hefyd yn y modd y datblygodd rhyddiaith newydd, i fod yn un o ogoniannau llenyddiaeth y Wladfa gyda'i phwyslais amrywiol ar fywyd yr unigolyn a gyfunodd i ffurfio diwylliant a chymeriad y Gwladfawyr.

Nodiadau

1   Gw. Pierre Anctil, Norman Ravvin, Sherry Simon (gol.), *New Readings of Yiddish Montreal/Traduire le Montréal Yiddish* (Ottawa: University of Ottawa Press, 2007), 1-7.

2   Casglwyd peth o gyfoeth y gynhysgaeth hon o Cape Breton, Nova Scotia, gan John Shaw. Gw. y canlynol yn arbennig: John Shaw (gol.), *Tales Until Dawn/Sgeul gu Latha: The World of a Cape-Breton Gaelic Story-Teller Joe Neil MacNeil* (Montreal & Kingston: McGill-Queen's University Press, 1987); John Shaw (gol.), *Brìgh an Òrainn: The Songs and Tales of Lauchie MacLellan* (Montreal: McGill-Queen's University Press, 2000); John Shaw (gol.), *The Blue Mountains and Other Gaelic Stories from Cape Breton* (Montreal: McGill-Queen's University Press, 2007). Am enghraifft o'r pwyslais parhaus ar agweddau llafar yn Cape Breton, gw. James Watson ac Elisson Robertson (gol.), *Sealladh Gu Taobh: Oral Tradition and Reminiscence by Cape Breton Gaels* (Cape-Breton: University College of Cape Breton Press, 1987). Casglwyd barddoniaeth a rhyddiaith wreiddiol yn y ddwy gyfrol ganlynol: Calum Iain M. MacLeoid (gol.), *Sgialachdan a Albainn Nuaidh* (Glaschu: Gairm, 1969) a Calum Iain M.MacLeoid (gol.), *Bardachd a Albainn Nuaidh* (Glaschu: Gairm, 1970).

3   Eli Mandel, 'The Ethnic Voice in Canadian Literature', yn Wsevolod Isajiw (gol.), *Identities: The Impact of Ethnicity on Canadian Society* (Toronto: P. Martin Associates, 1977), 65.

4   Daisy Neijmann, 'Icelandic Canadian Literature', yn Daisy Neijmann (gol.), *A History of Icelandic Literature* (Lincoln & London: University of Nebraska Press, 2006), 627.

5   Gw. Robert-B. Perrault, 'Au-delà de la route: l'identité franco-américaine de Jack Kerouac', yn Claire Quintal (gol.), *La Littérature franco-américaine: écrivains et écritures* (Worcester, Massachusetts: Institut français Collège de l'Assomption, 1992).

6   Gw. Aled Jones a Bill Jones (gol.), *Welsh Reflections: Y Drych ac America 1851-2001* (Llandysul: Gwasg Gomer, 2001), 109.

7   Am gyflwyniad i'r maes hwn, gw. Domenic A. Beneventi, Licia Canton a Lianne Moyes (gol.), *Adjacencies: Minority Writing in Canada* (Toronto: Guernica, 2004).

8   Gw. Pierre Anctil, Norman Ravvin a Sherry Simon (gol.), *New Readings of Yiddish Montreal/Traduire le Montréal Yiddish* (Ottawa: University of Ottawa Press, 2007).

9   R. Bryn Williams, *Rhyddiaith y Wladfa* (Dinbych: Gwasg Gee, 1949), 67.

10 Di-enw, 'Eisteddfodau'r Wladfa yn ystod yr Hanner can mlynedd Diwethaf', *Y Drafod* (9-16 Mai, 1942).

11 Edi Dorian Jones, *Capillas Galesas en Chubut* (Trelew: edición del autor, 2000).

12 John Coslett Thomas, *Autobiography,* cyfieithiad John Coslett Thomas (Winnipeg, Manitoba: cyhoeddiad preifat, 1994), 55. Ceir dau fersiwn Cymraeg o hunangofiant gwreiddiol Coslett Thomas yn ogystal â chyfieithiad o'i waith ei hun. Mae copi o'r fersiwn cyntaf ar gael yn Archifdy Saskatchewan: John Cosslett (sic) Thomas, *Hunangofiant* (Saskatchewan Archives R466, Regina). Mae'r ail fersiwn (anghyflawn) yn dal mewn dwylo preifat. Yn y cyfieithiad Saesneg yn unig y ceir y cyfeiriad at yr eisteddfod gynnar hon yn y Glyn Du.

13 Yn ôl Matthew Henry Jones, *Trelew: Un Desafío Patagónico, Tomo I 1886-1903* (Trelew: El Regional, 1997), 47, Edmund K. Theobald oedd y trysorydd.

14 Glyn Williams, *The Welsh in Patagonia: The State and the Ethnic Community* (Cardiff: University of Wales Press, 1991), 95.

15 Ibid., 41.

16 Osian Hughes, *Los Poetas del Eisteddfod* (Rawson: El Regional, 1993), 16.

17 Matthew Henry Jones, op. cit., 47.

18 R. Bryn Williams, *Awen Ariannin* (Llandybie: Llyfrau'r Dryw, 1960), 12-13.

19 Ceir rhestr gyflawn o feirniaid llenyddol yr Eisteddfod Wladfaol yn *Los Poetas del Eisteddfod* gan Osian Hughes, op. cit., 64-5, ynghyd â bywgraffiadau. Cofir Arthur Hughes yn bennaf yn y Wladfa fel tad Irma Hughes de Jones ac Arel Hughes de Sarda, ac yng Nghymru fel golygydd y cyfrolau *Cywyddau Cymru* (Bangor, 1908) a *Gemau'r Gogynfeirdd* (Pwllheli, 1910). Ymudodd i'r Wladfa ym 1911.

20 *Awen Ariannin*, op.cit., 17.

21 Gol. Nefydd H. Cadfan, *Adlais y Gamwy: Detholiad o Waith Llenyddol a Barddonol gan Lewis Evans* (Caernarfon: Y Goleuad, 1924).

22 Gw. Gabriel Restucha ac Esyllt Nest Roberts (gol.), *Cerddi'r Gadair: Eisteddfod y Wladfa 1965-2003* (Trelew: Eisteddfod y Wladfa, 2004).

23 R. Bryn Williams, *Rhyddiaith y Wladfa,* 15.

24 Ibid., 18.

25 Ibid., 39.

26 Saunders Lewis, *Ysgrifau Dydd Mercher* (Llandysul: Y Clwb Llyfrau Cymraeg, 1945), 85.

27 Dyfynnwyd yn Eluned Morgan, *Dringo'r Andes a Gwymon y Môr*, gol. Ceridwen Lloyd-Morgan a Kathryn Hughes (Dinas Powys: Honno, 2001), ix.

28 Gw. W.R.P. George (gol.), *'Gyfaill Hoff': Detholiad o Lythyrau Eluned Morgan* (Llandysul, Gwasg Gomer, 1972), a Dafydd Ifans (gol.), *Tyred Drosodd: Gohebiaeth Eluned Morgan a Nantlais* (Pen-y Bont ar Ogwr: Gwasg Efengylaidd Cymru, 1977).

29 Am y cefndir llawn, gw. Paul W. Birt (gol.), *Bywyd a Gwaith John Daniel Evans, El Baqueano* (Llanrwst: Gwasg Carreg Gwalch, 2004).

30 Clery A. Evans (gol.), *John Daniel Evans, El Molinero* (Trevelin: cyhoeddiad preifat, 1994).

31 W. M. Hughes, *Ar Lannau'r Gamwy ym Mhatagonia: Atgofion* (Lerpwl: Hugh Evans a'i Feibion, 1927), 325.

32 Disgwylir y caiff yr hunangofiant hwn ei gyhoeddi yn 2009.

33 Ceir dau fersiwn o'r hunangofiant, yr ail yn dalfyriad o'r cyntaf ac eto'n cynnwys pethau nas ceir yn y cyntaf. Yn wahanol i'r fersiwn cyntaf, mae'r ail yn sôn yn helaeth am ei fywyd yng Nghanada a'r Unol Daleithiau. Daeth yr ail fersiwn i ben ychydig amser cyn ei farw ym 1934.

34 Cyhoeddwyd cyfieithiad Sbaeneg David Hall Rhys (gol.), *La Patagonia que canta gan William C. Rhys* (Buenos Aires: Emecé Editores, 2000), a fersiwn gwreiddiol Saesneg David Hall Rhys (gol.), *A Welsh Song in Patagonia: Memories of the Welsh Colonization* (Loma Linda: California, 2005).

35 R. Bryn Williams, op. cit., 66-7.

36 Gw. Cathrin Williams (gol.), *Edau Gyfrodedd: Detholiad o waith Irma Hughes de Jones* (Dinbych: Gwasg Gee, 1989).

'GWEITHIAU TROTHWYOL': FFUGLEN ANGHARAD TOMOS AR DROTHWY'R 1990AU

gan Awel Mehefin Jones

Un o brif awduron llenyddiaeth Gymraeg ddiweddar yw Angharad Tomos. Y mae ei chyhoeddiadau dros y chwarter canrif diwethaf yn ffurfio corff sylweddol o weithiau sy'n cynnwys nofelau, straeon byrion, dramâu, erthyglau a chyfres ddylanwadol o lyfrau i blant. Ond y mae llawer iawn o'r gweithiau hyn yn anghyfarwydd i'r darllenydd cyffredin – yn wir, erys dwy nofel yn anghyhoeddedig, a'r ddwy nofel anghyflawn hyn fydd yn cael sylw yma.

'Gweithiau trothwyol' yw'r term yr wyf wedi ei ddewis ar gyfer y ddwy nofel anghyhoeddedig hyn a luniwyd ar drothwy'r 1990au. Y mae eu harwyddocâd yn bellgyrhaeddol yng nghyswllt gwaith yr awdures. Y maent yn allweddol i'n dealltwriaeth o ddatblygiad gyrfa lenyddol Angharad Tomos o'r gweithiau gwleidyddol-hunangofiannol yn y 1970au a'r 1980au i'r gweithiau arbrofol-ffantasïol yn y 1990au. (Ystyrir gweithiau diweddaraf yr awdures yn yr unfed ganrif ar hugain fel cam yn ôl, efallai, tuag at yr hunangofiannol a'r cofiannol.) Y mae'r datblygiad hwn yn ei gweithiau wedi arwain at y datganiad canlynol yn *Cydymaith i Lenyddiaeth Cymru* (1997): 'Synnwyd ambell un gan y ffaith nad oes dim byd amlwg wleidyddol ynglŷn â gweithiau diweddar Angharad Tomos.'[1] Felly, byddir yn archwilio yma pam y bu i Angharad Tomos newid cyfeiriad yn y 1990au, a hynny trwy astudio'r gweithiau anghyflawn hyn sy'n pontio rhwng y gweithiau cynnar a'r gweithiau mwy diweddar.

Ym 1989, derbyniodd Angharad Tomos ysgoloriaeth chwe mis gan Gyngor Celfyddydau Cymru i ysgrifennu nofel i oedolion. Mewn llythyr cwbl allweddol at Islwyn Ffowc Elis, dyddiedig 9 Ionawr 1990, a geir ymysg ei phapurau yn Llyfrgell

Genedlaethol Cymru, sonia Angharad Tomos am y project hwn, gan ei ddisgrifio fel nofel anghyhoeddedig sy'n

> ymhel â chriw o bobl ifanc yn y Gymry [sic] gyfoes, criw rwy'n troi yn eu mysg, a sut . . . [y mae] . . . newyddiadurwr o Sais yn ceisio deall eu meddylfryd.[2]

Ceir rhan o'r nofel anorffenedig hon mewn fersiwn teipysgrif,[3] a rhan arall mewn fersiwn tipyn mwy mewn llawysgrif ymhlith papurau Angharad Tomos yn y Llyfrgell Genedlaethol.[4] (Dylid nodi mai darniog a phytiog iawn yw'r fersiynau hyn, a cheir ambell fwlch yma ac acw. Felly, ni ddylid eu hystyried, ar unrhyw gyfrif, yn weithiau terfynol, cyflawn.) Yn ddiddorol iawn, y teitl a roddwyd ar y nofel anorffenedig hon oedd 'Si Hei Lwli' – teitl a ddefnyddiodd Angharad Tomos, wrth gwrs, ym 1991 ar gyfer ei nofel fuddugol yng nghystadleuaeth y Fedal Ryddiaith yn Eisteddfod Genedlaethol Bro Delyn. Er hynny, ymddengys nad oes cysylltiad rhwng y project anorffenedig a nofel arobryn 1991, ac yn ôl yr awdures ei hun:

> roeddwn i wedi meddwl am y syniad 'Si Hei Lwli' ers talwm – ymhell cyn 1991, falle am ei fod yn golygu cymaint (ers dyddiau fy mhlentyndod) ac eto yn deitl hollol ddisynnwyr. Fel 'Achos Mae', roedd yn deitl oedd gennyf yn y drôr yn disgwyl am nofel i gael ei sgwennu![5]

Un o amcanion y newyddiadurwr y cyfeiria Angharad Tomos ato yn y llythyr at Islwyn Ffowc Elis yw ceisio casglu gwybodaeth am Feibion Glyndŵr er mwyn cael stori dda a gafaelgar ar gyfer erthygl ym mhapur yr *Independent*. Wrth gwrs, nid yw'r criw o Gymry ifainc am ddatgelu dim wrtho, ac y mae ei anwybodaeth o'r Cymry fel cenedl yn ychwanegu at y tensiwn rhyngddynt. Meddai Tarianwen Arianrhod, un o'r criw ifanc, amdano:

> I be mae papur profiadol fel yr 'Independent' yn anfon rhywun mor ddibrofiad? 'Does ganddo mo'r

crebwyll lleiaf. Ac mae hwn am fod o gwmpas am chwe mis yn trio deall. A'n helpo. Sôn am adyn o'i gynefin.[6]

Yn y fersiwn llawysgrif, cyflwynir y cymeriad Peter Dunn, sef ffotograffydd y newyddiadurwr Nigel Hempstead, ac y mae Tarianwen yn fwy goddefgar o lawer tuag at y cymeriad hwn. Ceisia Taran, fel y'i gelwir gan ei ffrindiau, addysgu'r ddau Sais am hanes Cymru ond profa'n anos na'r disgwyl, fel y dywed wrth ei ffrindiau:

> 'Mae o'n gwbl ofer i mi geisio goleuo'r 'run o'r ddau, oni bai fod ganddyn nhw ryw faint o grebwyll a chefndir o hanes Cymru,' meddai Taran. 'Roedd ceisio argyhoeddi dau Sais yr *Independent* wedi mynd yn faich mawr ar ei hysgwyddau.

> 'Sut ti'n disgwyl i ddau Sais o'r cefndir yne wybod unrhyw beth am hanes Cymru?' meddai Mwldyn. 'Mae nhw wedi cael eu hamddifadu'n llwyr o'r cyfle, hyd yn oed 'tase nhw bron â thorri'n eu hanner *eisiau* gwybod.'[7]

Yn y diwedd, penderfyna Taran dywys y ffotograffydd, Peter Dunn, o amgylch Caernarfon a chyflwyno hanes y dref iddo '[t]rwy lygad Cymro'. Adrodda iddo hanes adeiladu'r castell ac arwyddocâd y ddau arwisgiad yn y castell hwnnw, sef ym 1911 a thrachefn ym 1969, ac meddai Taran wrtho am Arwisgiad y Tywysog Siarl ym 1969:

> 'Ail adroddwyd [sic] y ddefod o gyflwyno mab brenin Lloegr yn dywysog i'r Cymry. 'Roedd o'n sen ar ein hanes.'[8]

Yna â Taran i sôn am hanes Tryweryn ac achos llys Tri yr Ysgol Fomio yng Nghaer Saint – digwyddiadau gwleidyddol arwyddocaol yn hanes diweddar Cymru. Yn wir, y mae'r berthynas rhwng Taran a'r ddau Sais yn gosod y nofel anorffenedig hon yn gadarn yng nghyd-destun gweithiau ffuglennol cynnar yr awdures sy'n wleidyddol iawn eu naws. Ond yn ddiddorol iawn, y mae'r berthynas rhwng Tarianwen a'i ffrindiau yn ysgafnhau'r nofel ac yn sicr yn rhagflas o'r berthynas fywiog rhwng Ennyd Fach a'i chyfeillion yn nofel arobryn 1997, *Wele'n Gwawrio*. Ceir elfen amlwg o hiwmor ynddi, ac enghraifft o hynny yw camgymeriad Crinc wrth iddo fynd un noson gyda Dai Cym (sy'n gweithio i Gymdeithas yr Iaith) i beintio slogan ar wal y ffordd osgoi yng Nghaer Saint. Ond y slogan y mae Crinc yn ei beintio yw 'Nid Yw Cyru Ar Werth', a thrannoeth dywed Taran wrtho:

> 'Ti'n gwybod beth ddigwyddith rŵan 'dwyt?' meddai Taran. 'Mi fydd yr Indiaid ar ein hola rŵan am ddifetha eu busnes.'[9]

Rhagfynegiant arall o'r nofel *Wele'n Gwawrio* yw'r berthynas agos ag Iwerddon. Cyfaill gorau Tarianwen yw'r Wyddeles, Erin, a daw ei chariad hithau, Kieran, draw i Gymru am gyfnod at Erin a'i ffrindiau.

Cyfyd pwyntiau pwysig ychwanegol yn y nofel anorffenedig 'Si Hei Lwli' yng nghyd-destun gweithiau eraill Angharad Tomos. Nodwedd sy'n edrych yn ôl at hanner cyntaf gyrfa lenyddol Angharad Tomos (hynny yw, gweithiau o'r 1970au a'r 1980au) yw'r portread o'r darlithwyr yn 'Si Hei Lwli'. Â Dai Cym heibio i gartref y darlithydd, Dr Morgan Ellis, i ofyn iddo a fyddai'n fodlon gweithredu yn enw Cymdeithas yr Iaith. Synnir y darlithydd, a'i ymateb yw:

> 'Be' – 'da chi'n gofyn i *mi* weithredu?'
> 'Ydw,' [meddai Dai Cym].
> 'Wel . . .' medde Morgan, heb fod yn siŵr iawn sut i ymateb. ''Rydach chi'n gofyn dipyn 'tydach?'[10]

Ac meddai'r darlithydd ymhellach:

> 'Ia, Dafydd. Mae'n haws clodfori gweithredwyr na bod yn un ohonyn nhw. Un o'ch cefnogwyr cadair freichiau chi ydw i – Llwfr wyf, ond achubaf gam y dewr.'[11]

Er ei fod yn ennill ei fywoliaeth drwy draethu ar yr iaith Gymraeg a'i llenyddiaeth, y mae'n gyndyn o aberthu ei amser i frwydro drostynt. Yn sicr, adlais sydd yma o'r stori fer hir gynnar 'Brwydro' gan yr awdures – gwaith a enillodd iddi Goron yr Eisteddfod Ryng-golegol ym 1977. Yn y stori gynnar hon cyflwynir y cymeriad Dewi Wyn, sy'n fyfyriwr yn Aberystwyth. Yn ei flwyddyn gyntaf yn y coleg yr oedd gwaith academaidd Dewi Wyn Roberts yn addawol dros ben, a rhagwêl yr Athro Gwilym Pritchard y bydd iddo ddyfodol llewyrchus. Ond wrth i Dewi Wyn ei gysegru ei hun fwyfwy i frwydr yr iaith, daw'r frwydr honno yn bwnc cyson yn ei draethodau. Nid yw hyn wrth fodd yr Athro Gwilym Pritchard, a dywed: "Doedd gan politics ddim lle mewn llenyddiaeth.'[12] Ni chred yr Athro fod dyfodol i'r iaith Gymraeg, a disgyblaeth academaidd yn unig iddo yw ei draethu beunyddiol ar ei llenyddiaeth hi. Y mae hyn yn sicr yn ein hatgoffa hefyd o'r modd y bu i R. Williams Parry, yn ei soned 'J.S.L.', feirniadu'r byd academaidd Cymraeg, ac Ifor Williams yn benodol, am beidio â chefnogi Saunders Lewis yn dilyn llosgi'r Ysgol Fomio. Tra oedd Saunders Lewis dan glo yn byw ar y 'grual', yr oedd Ifor Williams a'i gyd-ddarlithwyr yn mwynhau moethusrwydd aruchel y Brifysgol:

> Ninnau barhawn i yfed yn ddoeth, weithiau de
>   Ac weithiau ddysg ym mhrynhawnol hedd ein stafelloedd;
> Ac ar ein clyw clasurol ac ysbryd y lle
>   Ni thrystia na phwmp y llan na haearnbyrth celloedd.
> Gan bwyll y bwytawn, o dafell i dafell betryal,
> Yr academig dost. Mwynha dithau'r grual.[13]

Gwneir defnydd eironig o'r soned hon mewn erthygl yn *Yr Herald* wrth i Angharad Tomos '[g]roesawu cwymp Prifysgol Cymru':

> Fydd yr academig dost ddim yn blasu mor hyfryd ym mhrynhawnol hedd y stafelloedd mwyach. Mi fydd yn rhaid i hyd yn oed academyddion Cymru yn awr ymboeni am broblemau'r Gymraeg.[14]

Ac meddai ymhellach mewn erthygl arall yn *Yr Herald*:

76

Ym mhrynhawnol hedd eu hystafelloedd, rhaid fod mater y Gymraeg yn go isel ar restr blaenoriaethau staff Prifysgol Cymru.

. . . Digon hawdd beirniadu o dŵr ifori. Y peth anodd yw dod allan a throi delfrydau yn ffaith.[15]

At hyn, daw'r gyfeiriadaeth a ddyfynnwyd eisoes o'r nofel anghyhoeddedig 'Si Hei Lwli' – 'Llwfr wyf, ond achubaf gam y dewr' – o'r gerdd 'Gair o Brofiad' gan R. Williams Parry, llinell a gaiff ei dyfynnu hefyd yn *Yma O Hyd*, a hynny mewn llythyr dienw a dderbynia Blodeuwedd yn y carchar.[16] Yr hyn a wneir trwy'r dyfyniadau hyn yw pwysleisio amharodrwydd academyddion y Gymraeg i weithredu dros yr iaith Gymraeg.

Pwynt arall arwyddocaol sy'n cysylltu'r nofel anorffenedig hon â gweithiau eraill Angharad Tomos yw ymgyrch llosgi tai haf Meibion Glyndŵr. Yn y fersiwn llawysgrif o 'Si Hei Lwli', cais Nigel Hempstead ddod o hyd i'r rhai sy'n gyfrifol am y tanau – ond methiant llwyr yw ei ymgais. Er na fu'r awdures ei hun yn rhan o'r ymgyrch llosgi tai haf yn y 1980au, bu'n rhan o ymgyrch heddychlon Cymdeithas yr Iaith i feddiannu'r tai hynny, ac y mae thema'r mewnlifiad yn destun cyson yn ei gweithiau ffuglennol cynnar, megis yn *Rwy'n Gweld yr Haul* (1981), ac yn fwy arwyddocaol yn y ddrama *Fel Paent yn Sychu* (1988), lle y mae cymeriad y Nain yn rhoi ei bwthyn ar dân fel protest yn erbyn y mewnlifiad. Ceir nifer o linynnau cyswllt felly rhwng y gwaith anorffenedig 'Si Hei Lwli' a gweithiau eraill yr awdures, yn arbennig felly ei gweithiau cynnar.

Er hyn oll, nid aeth Angharad Tomos ati i gwblhau'r nofel 'Si Hei Lwli', a hynny, fel y dywed yn y llythyr hwnnw at Islwyn Ffowc Elis, am fod 'y cwbl yn rhy gyffredin, a ddim yn deud dim byd mawr'.[17] Yr hyn y mae cynnwys y rhan honno o'r nofel a gwblhawyd yn ei amlygu yw y buasai, fel nofel gyflawn, yn gwbl gyson â hanner cyntaf gyrfa lenyddol Angharad Tomos, gyda'r newyddiadurwr Saesneg a'i ffotograffydd yn creu tensiwn gwleidyddol cyson ynddi. Y mae'n amlwg o'i phapurau personol yn y Llyfrgell Genedlaethol fod yr awdures wedi dechrau ar ail broject yn fuan wedi methiant y cyntaf. Nofel dan y teitl 'Achos Mae' oedd y project hwn – gwaith yn portreadu tair cenhedlaeth o Gymry Cymraeg yn byw yn ardal Derwen Gam. (Ceir fersiwn teipysgrif o'r nofel yn ogystal â sawl drafft mewn llawysgrif.) Y mae enw'r ardal, Derwen Gam, yn rhwym o awgrymu'r pentref o'r un enw yng Ngheredigion. Dioddefodd y pentref hwn yn aruthrol gan y mewnlifiad ac ym 1973 gwerthwyd chwech o dai'r pentref mewn un arwerthiant, a phob un yn mynd i ddwylo Saeson. Mae'n werth oedi yn y fan hon i sôn ychydig am y cefndir yn y cyswllt hwn. Cyfeirir at yr arwerthiant yng nghylchgrawn Cymdeithas yr Iaith, *Tafod y Ddraig*:

> Ddiwrnod neu ddau cyn Eisteddfod Rhuthun daeth galwad ffôn i swyddfa'r Gymdeithas gan ŵr o bentref y Dderwen Gam yng nghanol Ceredigion, yn tynnu'n sylw at y ffaith fod chwech o dai y pentref i gael eu gwerthu ymhen ychydig o wythnosau ac yn gofyn am ein help. Chafodd neb amser ar y pryd i edrych i mewn i'r mater – ni chafwyd cyfle yn wir tan ar ôl yr Eisteddfod a Thaith yr Haf, dair wythnos yn ddiweddarach. Yn anffodus roedd hi'n rhy hwyr i allu gwneud dim o bwys ynglyn [sic] â'r arwerthiant erbyn hynny – yr unig beth i'w wneud oedd apelio yn yr arwerthiant ar i bawb heblaw'r Cymry lleol dynnu'n ôl eu cynigion, ynghyd â bygythiad y byddai'r tai yn cael eu meddiannu. Methiant fu'r datganiad a gwerthwyd pob un o'r tai i Saeson.[18]

Sefydlwyd Pwyllgor Amddiffyn i geisio adfer sefyllfa Derwen Gam. Ar y Pwyllgor hwnnw yr oedd Cynog Dafis, ac mewn anerchiad i Gyngor Gwledig Aberaeron, 20 Medi 1973, cyhoeddodd:

> Cymundod sy gyda ni yn y Dderwen Gam. Ac nid peth y gall dyn ei greu dros nos yw cymundod – mae

hwnnw'n tyfu dros amser wrth bod cysylltiadau tylwyth a chymdogaeth yn datblygu. Ac mae amddifadu pobl o gymundod yn eu hamddifadu o un o'r elfennau pwysica sy'n creu hapusrwydd a bodlondeb. Mae pobl y Dderwen Gam wedi deall pwysigrwydd cymdeithas – dyna pam mae nhw eisiau, nid y tai yn unig, ond tai da yn eu pentre nhw eu hunain.[19]

Ugain mlynedd yn ddiweddarach gwelir Angharad Tomos ei hun, mewn erthygl o'i heiddo yn *Yr Herald*, yn sôn am dristwch brwydr y pentref hwn:

> Ydach chi'n cofio Derwen Gam? Beth mae'r enw'n ei gyfleu i chi?
>
> I mi, mae yna rywbeth dirdynnol o drist yn gysylltiedig ag o. Chwedl ydyw i mi, gan nad oeddwn i yno yng nghanol y frwydr, chwedl drist am fethiant. Rhoddwyd pentref cyfan ar werth, i'w brynu gan fewnfudwyr. Mi gredaf mai yn Nerwen Gam y collson ni'n diniweidrwydd fel ymgyrchwyr iaith. Fel gyda phob chwedl dda, mae yna gân yn gysylltiedig â hi, sy'n cychwyn â'r geiriau, 'A welaist ti'r gwerthwyr yn nhre Derwen Gam?' ac sy'n diweddu
>
> 'A phan fydd y plantos yn gofyn 'paham'? Difarwn na losgon ni fyth Derwen Gam.'[20]

Mae'r hanes y tu ôl i'r pentref hwn felly'n wleidyddol-drasig ac wedi tyfu'n rhan o chwedloniaeth ymgyrch yr iaith – yn wir, yn 'symbol o'r hyn sy'n digwydd i bentrefi Cymraeg yng nghefn gwlad Cymru'.[21] Bu'n frwydr arwyddocaol iawn a ysgydwodd yr ymgyrchwyr iaith o'u diniweidrwydd, fel y noda Angharad Tomos uchod yn ei herthygl. Dyma'r cefndir y mae gofyn gosod gwaith Angharad Tomos ym 1989 yn ei erbyn, felly. Yn ogystal, y mae'n werth crybwyll yn y cyd-destun gerdd Waldo Williams,

'Y Dderwen Gam' – cerdd a ysgogwyd gan gynllun i godi argae ar ran uchaf Aberdaugleddau, ac a ysgrifennwyd, fel y dangosodd Jason Walford Davies, yn ystod cyfnod y cynllun i foddi Cwm Tryweryn.[22] Y tir gerllaw'r dderwen gam yn ne Sir Benfro fyddai'r cynefin a ddinistrid yn llwyr petai'r cynllun i foddi'r rhan hon o'r ddyfrffordd yn mynd rhagddo. Ond un agwedd yn unig ar brotest Waldo Williams yw'r ystyriaeth ecolegol; y mae a wnelo'r gerdd hefyd ag 'ystyriaethau diwylliannol-boliticaidd, â hunaniaeth genedlaethol', chwedl Jason Walford Davies, a ddangosodd mai 'Chwaer-gerdd . . . i "Y Dderwen Gam" ar lawer ystyr . . . yw "Diwedd Bro", a ymddangosodd ym 1939 ac a egyr â chyfeiriad at foddi Cantre'r Gwaelod'.[23] A'r un ystyriaethau gwleidyddol a welir yn y nofel anorffenedig 'Achos Mae' gan Angharad Tomos.

Yr adroddwr yn y nofel yw'r cymeriad Olaf ap Gethin ap Urien – yr olaf o'r tair cenhedlaeth a bortreadir. Caiff Olaf ap Gethin ei embalmio ('piclo' yw'r term a ddefnyddir yn y deipysgrif) gan ei dad – gweithred a gaiff ei hesbonio yn y llythyr a ysgrifennodd Angharad Tomos at Islwyn Ffowc Elis, lle y ceir gan yr awdures hefyd beth o gefndir y nofel:

> 'Achos Mae' yw enw'r un 'rwy'n chwysu uwch ei phen ar hyn o bryd – rhyw olwg o chwith fel petai ar dair cenhedlaeth o Gymry – hen bleidwyr, Adferwyr, a pherson un ar bymtheg oed. Mae'r taid, yr hen Bleidiwr, yn meddwl y byd o *Aros Mae*, Gwynfor, ond mae'r ail genhedlaeth – yr Adferwyr – wedi chwerwi'n lan [sic]. Yr adeg pan euthum i ddyfroedd dyfnion oedd pan benderfynodd yr Adferwr – mewn ffit o ddigalondid wedi'r Refferendwm – i biclo ei fab – fel y'i cadwer i'r oesoedd a ddêl – fel petai. 'Roedd o'n syniad da ar y pryd, ond 'rwyf bellach yn ceisio mynd i'r afael â theithi meddwl plentyn sydd wedi ei biclo, ac effaith hynny ar ei chwaer. Mae ei chwaer yn un ar bymtheg, ac yn adweithio'n gryf yn erbyn ei thad a holl syniadaeth ei genhedlaeth. Mae hi'n ceisio

ffordd o fynegi ei chenedlaetholdeb, ond ar yr un pryd yn gwrthryfela yn erbyn ceidwadaeth ei rhieni, yn enwedig yr hyn y maent wedi ei wneud i'w brawd. Ei chred sylfaenol yw fod gan bawb yr hawl i fyw, pa lanast bynnag a wna o'i fywyd. Y synadaeth tu ôl iddo yw cwestiynnu'r [sic] math o Gymreictod a thraddodiad yr ydym ni'r Cymry mor brysur yn ei ffosaleiddio. Ai piclo ein diwylliant a wnawn, a'i rwystro rhag datblygu?[24]

Ar ddechrau'r deipysgrif y mae Olaf yn ceisio dirnad pwy yn union ydyw ac yntau wedi'i embalmio a'i gaethiwo, gan edrych ar un genhedlaeth yn mynd ac un arall yn dod yn ei lle. Yn y dyfyniad isod o ddechrau'r deipysgrif, gwelir rhwystredigaeth Olaf a'i ddiymadferthedd o ganlyniad i weithred ei dad, Gethin ap Urien:

> Parhau yn achos mae. Achos mae'n parhau. Mae parhau yn achos. Falle ei fod o. 'Dwi'n dal ddim yn gweld pam fod yn rhaid i mi fod yn fan hyn. Mae gen innau achos. Ac mae hwnnw am barhau. Ond fedar o ddim tra rydw i yn fan hyn. Y mae cenhedlaeth yn mynd ac un arall yn dod, ond rydw i yn aros am byth. Yr hyn a fu a fydd, a'r hyn a wnaed a wneir, nid oes dim newydd dan yr haul. Y mae'r cyfan yn bod ers amser, y mae'n bod o'n blaenau ni. Ni chofir am y rhai a fu, nac ychwaith am y rhai a ddaw ar eu hôl; ni chofir amdanynt gan y rhai a fydd yn eu dilyn. Ond a gofir myfi? Ydw i ymhlith y rhai a fu, neu ymysg y rhai a ddaw ar eu hôl, neu'r rhai a fydd yn eu dilyn? Mae mor anodd dweud. Yr ofn mwya sydd gen i yw yr aiff popeth o chwith, ac yna fydda i wedi colli nghyfle yn gyfangwbl. Fydd na'r un achos wedyn. Fydde na ddim i barhau.

Â Olaf ap Gethin ap Urien ymlaen wedyn i adrodd hanes ei genhedlu a'r garwriaeth a fu rhwng ei rieni, Gethin a Branwen,

81

a'i daid a'i nain ar ochr ei fam, Obodeia Rhun a Jini Myfanwy:

> Edrydd Olaf hanes buddugoliaeth Gethin a Branwen
> yn erbyn Sais o'r enw Mr Jonathan Pratt gyntaf. Y
> mae Mr Pratt yn byw yn yr un pentref â Gethin a
> Branwen, sef Derwen Gam, ac y mae am weld
> 'Filejgrin' yng nghanol y pentref a chael gwared â'r
> hen dderwen gam a'r sment o'i chwmpas hi sy'n
> anharddu'r lle. Yn ôl yr adroddwr:

> 'Roedd [Mr Pratt] yn awyddus iawn i weld Derwen
> Gam yn ennill y wobr o bentref harddaf Cymru.
> Tyfodd yn ymgyrch fawr yn y diwedd – Jonathan
> Pratt a'i ffrindiau Saesneg yn erbyn gweddill y
> trigolion.[25]

Y mae'r dderwen, wrth gwrs, yn symbol traddodiadol o gadernid ac o wydnwch, ond y mae'r ffaith fod y dderwen yn y pentref hwn yn gam ac yn ei phlyg yn amlygu y bu tro ar fyd; cafodd y ddelweddaeth draddodiadol ganoloesol ei gwyrdroi. At hyn, y mae'r sment sydd o'i chwmpas yn symbolaidd yn yr ystyr ei fod yn awgrymu nad yw'r dderwen yn annibynnol-gryf ac na all sefyll ar ei phen ei hun. Os darllenir y dderwen fel symbol o draddodiad y Cymry, yna y mae'r ddelwedd hon yn arwyddocaol dros ben. Ond y mae'r dderwen gam hon yn bwysig iawn i'r trigolion ac yn rhan hanfodol o'r pentref: wedi'r cyfan, y goeden hon a roddodd i'r lle ei enw. Y mae hefyd yn rhan o etifeddiaeth y trigolion:

> 'Rywbryd tua'r chweched ganrif, neu'n gynt na
> hynny hyd yn oed, 'roedd hen wreigen wedi dweud
> y byddai'r Gymraeg fyw yn y cornelyn hwnnw o
> Gymru tra byddai'r dderwen yn sefyll.[26]

Y mae'r dyfyniad uchod yn gyfuniad o sawl ffynhonnell. Adleisir geiriau enwog Hen Ŵr Pencader o'r ddeuddegfed ganrif, a ddyfynnir gan Gerallt Gymro yn *Descriptio Cambriae*, hanes ei daith drwy Gymru. Yn ôl yr hen ŵr:

Ac nid unrhyw genedl arall, fel y barnaf fi, amgen na hon o'r Cymry, nac unrhyw iaith arall, ar Ddydd y Farn dostlem gerbron y Barnwr Goruchaf, pa beth bynnag a ddigwyddo i'r gweddill mwyaf ohoni, a fydd yn ateb dros y cornelyn hwn o'r ddaear.[27]

Hefyd, yn llechu y tu ôl i'r stori hon y mae'r hen chwedl Gymraeg am dderwen Myrddin yng Nghaerfyrddin. Yn ôl y chwedl honno, byddai anffawd fawr yn digwydd i dref Caerfyrddin petai derwen Myrddin yn cael ei thorri neu ei symud. Yn y deipysgrif 'Achos Mae', Gethin ap Urien sy'n achub y dydd drwy ysbrydoli ei gyd-Gymry â'i araith danbaid ger y dderwen gam – araith sy'n atgoffa'r darllenydd o'r stori gynnar 'Brwydro', lle y mae Dewi Wyn yn ffug-annerch cynulleidfa yn ei ystafell wely yn y coleg. Fe dâl inni ddyfynnu araith Gethin yn ei chrynswth, er mwyn llawn sylweddoli'r hyn y mae'r dderwen yn ei gynrychioli:

'Gydwladwyr!' meddai Gethin, 'dydyn ni ddim wedi dod yma i drafod y goeden yma yn unig heno . . . rydyn ni'n ymwneud â rhywbeth llawer uwch! Rydyn ni'n trafod tynged cenedl! Ni yw cenedl y gaethglud, rydyn ni ym Mabilon, wedi crogi ein telynau ar yr helyg, ac yn aros am waredigaeth. O ble daw'r waredigaeth honno gofynnwn, wrth edrych i'r cyfeiriad yna a'r cyfeiriad acw, a chael ein siomi pan na welwn ddim. Gyfeillion, oddi mewn inni y mae. Yma, gyda'r galon hon yr ydym ni'n dechrau. Os ydi'r ewyllys yn ddigon cryf, yna mi gawn ni ddigon o ffydd a hyder i ymaflud [sic] yn ein tynged ein hunain, a chodi garreg wrth garreg Gymru Newydd!' 'Roedd llygaid Gethin ap Urien yn sgleinio ac roedd chwys ar ei dalcen. Doedd trigolion Derwen Gam ddim wedi clywed dim byd tebyg ers cyfnod Lloyd George. Chwarae teg i'r hogyn, 'doedd gan neb ond hwn ddiddordeb yn eu pentref bach. 'Pam gwneud gymaint o ffwdan dros hen goeden meddech,' gofynnodd Gethin ap Urien wrth fynd yn ei flaen. 'Pam ydych chi'n gwrando ar hen chwedlau ffôl, crechwena eraill. Yn y byd soffistigedig hwn o gyfryngau modern, beth yw gwerth chwedl? Mi ddyweda i wrthoch chi. I mi, nid hen wreigen ddywedodd y geiriau hynny, ond gwraig ifanc, fywiol, feichiog.' Trodd llygaid pawb at Branwen ac aeth honno'n reit binc. '"Ymgadwch yn genedl!" oedd ei neges fawr, ac mi roddaf i chi y dderwen hon yn symbol i chi. Drwy'r cenedlaethau wrth iddi esgor ar ei meibion a'r merched, daethom a [sic] hwy fesul un at y fedyddfaen hon. Dyma symbol o wytnwch y genedl meddem. Byddwch driw iddi.

'Ac edrychwch ar y symbol yn awr. Yn wan, yn drist, yn darfod. Hen beth hyll medd yr estron, tynnwch hi i lawr, mae'n boen i'r llygad. Gyfeillion, mae'r goeden hon yn boen i lygad Jonathan Pratt a'i debyg am na wyddant eu [sic] harwyddocâd. Mae'r arwyddocâd, beth bynnag ydyw, yn fygythiad iddynt, ac maent am gael gwared o'r bygythiad hwnnw. Rydyn ni am ei gadw – nid er mwyn eu bygwth hwy – ond er mwyn ei gwneud yn berffaith glir i'r sawl aiff heibio i'r pentref hwn pa bobl ydym. Cymry ydym ni a Chymry fyddwn ni. Hon, gyfeillion, hon yw ein cadwyn ni a'r [sic] gorffennol. Wrth edrych arni, gwyddom nad gwehilion o genedl ar fin darfod ydym ni, ond cenedl wydn sydd wedi goresgyn brwydrau fil. Edrychwn arni, ac o'i phren bywiol, cymerwn ddeilen o ysbrydoliaeth. Os caniatawn i'r goeden hon gael ei dymchwel, dyna ni'n torri'r gadwyn, yn torri'r cysylltiad â'r gorffennol. Fydd dim diben sôn am ymgyrchu wedyn gan na fyddwn yn gwybod pa bobl ydym, a thros ba beth yr ydym yn ymladd. Pobl ddiwyneb, ddigymeriad, ddihanes, ddiorffennol fyddwn ni – fel yr holl wynebau sy'n llenwi sgrîn y teledu bob nos. Cadwn afael ar ein cof. Sicrhewn mai ni sydd yn gyfrifol am y cornelyn hwn o Gymru. Pan gaiff fy mhlentyn ei eni, 'rwyf am ddod ag ef at y goeden hon, a dweud, "Fy mab, wele dy etifeddiaeth".'[28]

Wedi ymgyrch ddygn daw llwyddiant i'r Cymry, a chaiff y dderwen gam aros yn ei lle. I ddathlu'r llwyddiant hwnnw rhydd Gethin a'i wraig Branwen yr enw Deri Eleni ar eu merch gyntafanedig – a hynny 'i gofio'r dderwen, ac i gofio geiriau cerdd Llywarch Hen'.[29] Yng nghyd-destun y gerdd honno o Gylch Llywarch Hen, a ddyfynnir yn 'Achos Mae' –

Y ddeilen hon neus cynired gwynt,
Gwae hi o'i thynged!
Hi hen; eleni ganed.[30]

– cyfyd sawl pwynt diddorol. Y mae'r dyfyniad uchod yn llinyn cyswllt uniongyrchol â'r gwaith nesaf a luniodd Angharad Tomos yn dilyn 'Achos Mae', sef *Si Hei Lwli*, y mae ei phrif gymeriad wedi ei enwi yn Eleni. Dyfynnir y llinell olaf uchod hefyd mewn drama anghyhoeddedig gan yr awdures, sef *Tanddaearol* (1992) – gwaith sy'n mynd i'r afael â chof cenedl a pherthynas dyn a thir.[31] Fodd bynnag, cyd-destun pruddglwyfus sydd i'r gerdd 'Cân yr Henwr' o Gylch Llywarch Hen, sy'n sôn am ddeilen farw, er mai eleni y'i ganed. Byrhoedledd bywyd yw thema'r gerdd a symbol yw'r ddeilen o fyrhoedledd bywyd meibion Llywarch Hen, a'r henwr yntau. Yn 'Achos Mae' y mae'r hen dderwen yn cael bywyd newydd yn sgil ymgyrch Gethin a Branwen, ond yn yr enw Deri Eleni ymdeimlir â naws chwerwfelys, ac y mae'r adlais o 'Cân yr Henwr' yn rhagfynegiant o ddiwedd trist stori 'Achos Mae'.

Yn dilyn buddugoliaeth Gethin a Branwen edrydd Olaf ap Gethin hanes perthynas ei daid a'i nain, Obodeia Rhun a Jini Myfanwy, a'r modd y daeth y ddau i gyd-fyw fel gŵr a gwraig. Priododd y ddau flwyddyn i'r diwrnod yr aeth Obodeia Rhun at ei gymydog, Jini Myfanwy, i geisio ei chael i stopio saethu brain am fod hyn yn ei atgoffa o frwydro'r Rhyfel Byd Cyntaf. Ymhen blwyddyn arall ganwyd iddynt eu hunig ferch (bu i Jini gario plentyn ei chyn-gariad, sef y Gwyddel, Liam O'Leary, ond bu farw ar ei enedigaeth), a rhoddwyd yr enw Branwen arni. Enw yw hwn sy'n 'adlais o'r cysylltiad byr hwnnw fu . . . [rhwng Jini] . . . a'r Iwerddon' ac sydd yn ein harwain yn ôl at Ail Gainc y Mabinogi.[32] Ceir tinc Mabinogaidd hefyd yn y modd y caiff hanesion eu hadrodd yn episodig yn y nofel anorffenedig hon. Yn ogystal, terfynir un rhan o'r deipysgrif â'r geiriau 'Ac fel yna y terfynna'r [sic] gainc hon o fabinogi Jini Myfanwy',[33] adlais amlwg o'r Pedair Cainc.

Y mae Obodeia Rhun a Jini Myfanwy yn aelodau o'r Blaid Genedlaethol, ac fel y nodwyd, dylanwadwyd ar Obodeia gan gyfrol genedlatholgar Gwynfor Evans ar hanes Cymru, *Aros Mae* – teitl a adleisir yn nheitl y nofel anorffenedig hon. Yn ôl Olaf ap Gethin:

> Ers y cychwyn 'roedd Obodeia wedi bod yn aelod brwd o'r Blaid. Iddo ef, 'roedd annibyniaeth i Gymru yn fater syml o synnwyr cyffredin. Ni chafodd swydd na chyfrifoldeb erioed o fewn ei rhengoedd ond byddai yn bresennol ym mhob cyfarfod a gynhaliwyd a byddai'n canfasio ac yn rhannu taflenni yn ystod pob etholiad. Nid oedd yn un o'r dynion di-asgwrn-cefn hynny a gredai nad peth da i ddyn â busnes ymhel â pholitics. Os oedd Cymru am fod yn rhydd, rhaid oedd cael cymorth bob [sic] un o'i phobl. 'Roeddem yn genedl rhy fach i allu fforddio gadael dynion busnes yn annibynnol. Yn ystod y Tridegau, nid oedd Obodeia Rhun yn heddychwr, ond cefnogai'r achos yn erbyn yr Ysgol Fomio. Petai rhywun wedi gofyn iddo, byddai wedi bod yn fodlon llosgi'r Ysgol Fomio ei hun – neu ei bomio hyd yn oed. Bu'n meddwl yn aml y byddai bomio'r Ysgol Fomio yn syniad llawer gwell – iddyn nhw gael gweld drostynt eu hunain effaith yr aflwydd roeddynt yn ymhel ag o. Byddai wedi wynebu carchar yn llawen i arbed y Tri. Ond ni

ofynnodd neb i Obodeia am ei help, ac 'roedd o'n rhy swil i'w gynnig.[34]

(Tynnwyd sylw gan Angharad Tomos at y weithred o losgi'r Ysgol Fomio yn y stori gynnar 'Tafod y Ddraig' (1975) sy'n sôn am ddraig cenedl y Cymry yn arwain yr adroddwr ar hyd llwybrau hanes. Cyfeirir hefyd at y weithred hon yn *Yma O Hyd* (1985). Yr hyn a wneir, wrth gwrs, yw dychwelyd at bwysigrwydd diwylliannol gweithred y Tri ym Mhenyberth.) Y mae Jini, ar y llaw arall, dan ddylanwad 'Byddin Rhyddid Iwerddon' y bu Liam O'Leary, cymeriad a grybwyllwyd eisoes, yn filwr ynddi. Ei dymuniad hi yw defnyddio trais i frwydro dros annibyniaeth i Gymru:

Fel y daeth i Iwerddon yn rhannol, ac fel y daeth i sawl cenedl drwy'r byd, fe ddeuai'r awr pan fyddai Cymru hithau yn ymddatod y cyffion ac yn cerdded yn rhydd. Ysai am brysuro dyfodiad y dydd hwnnw, a phe cai Jini Myfanwy ei ffordd, byddai'n cychwyn cyrch arfog yn erbyn Lloegr. 'Doedden nhw'n deall yr un iaith arall. Byddai wrth ei bodd yn gyrru tanc i lawr i San Steffan a chwythu'r lle yn racs jibiders. Cynigiodd ei gwasanaeth sawl tro i'r Blaid Genedlaethol fel hyfforddwr cangen arfog o'r Blaid, ond cael ei gwrthod a gafodd bob tro. Deuai'r ateb cwrtais o'r Swyddfa Ganolog yn ei hannog i gynorthwyo gyda'r gangen leol o'r Pwyllgor Merched, ond un waith yn unig yr aeth Jini i'r fath gyfarfod. Daeth oddi yno gyda chyfarwyddiadau sut i wneud jam a phicl ar gyfer Stondin Gacennau tra deisyfai hi gael cnewyllyn eiddgar oedd â mwy o ddiddordeb mewn cymysgu ffrwydron na chacennau.[35]

Y mae Branwen yn 'Achos Mae' yn mabwysiadu cenedlaetholdeb ei thad ac yn ymgyrchu'n frwd dros y Gymraeg. Fel myfyrwraig yn y brifysgol y mae Branwen yn canfasio ar gyfer is-etholiad Caerfyrddin ym 1966, ac yn ystod yr ymgyrch honno y mae'n cyfarfod am y tro cyntaf â Gethin ab Urien, un a oedd ymysg y rhai mwyaf gweithgar dros Blaid Cymru. Hwn, wrth gwrs, oedd yr is-etholiad a enillodd Gwynfor Evans – y Pleidiwr cyntaf erioed i gael ei ethol yn Aelod Seneddol. Bu'n llwyddiant hanesyddol i Gymru – ac yr oedd yn noson hanesyddol i Branwen a Gethin yn 'Achos Mae' hefyd:

> I Branwen, 'roedd Gorffennaf 14eg, 1966 yn noson fwyaf ei bywyd. Oedent tu allan i Neuadd y Dref yn canu caneuon, yfed paneidiau, ac 'roedd awyrgylch carnifal i'w gael yno. Rhuthrai'r adrenalin drwy eu gwythiennau a phan ddaeth y cyhoeddwr ar y balconi, aeth pobman yn dawel fel y bedd. Darllenwyd yr enwau, a swm y pleidleisiau. Yn lle'r saith mil a gafodd fis Mawrth, cafodd Gwynfor Evans un mil [sic] ar bymtheg o bleidleisiau. Daeth pleidlais Llafur i lawr o ugain mil i dair mil ar ddeg. 'Roedd Gwynfor wedi ennill. Wrth glywed y canlyniadau, teimlodd Branwen sioc drydan yn hyrddio drwyddi . . . 'doedd bosib . . . 'doedd bosib . . . 'doedd bosib ein bod wedi . . . Cododd gorfoledd y dorf o'i hamgylch i fyny ac i fyny yn fonllefau gwyllt. Oedd, 'roedden ni wedi . . . ENNILL!! [36]

Ifanc iawn oedd Angharad Tomos pan enillodd Gwynfor Evans ei sedd gyntaf yn Nhŷ'r Cyffredin, ond erbyn i'r Tri gael eu hethol i'r Senedd – Gwynfor Evans, Dafydd Wigley a Dafydd Elis Tomos – yr oedd yn effro iawn i arwyddocâd diwylliannol y digwyddiad. Cafodd ddylanwad sylweddol arni, fel y sonia yn ei hunangofiant:

> Ar Hydref 10, 1974, cynhaliwyd yr ail Etholiad Cyffredinol, a'r tro hwnnw, llwyddodd Gwynfor i fynd i mewn yn ogystal â'r ddau Ddafydd. Dyma roddais yn fy nyddiadur:
>
> Mae o wedi digwydd, breuddwyd wedi dod yn wir – Gwynfor i'n harwain. Hanes – dyna be ydi hanes,

Wigley, Dafydd Elis Tomos a Gwynfor yn y Senedd. Mae Cymru wedi ei hachub! . . . Fedra i ddim coelio. Ma hyn di rhoi rhyw egni tanllyd newydd ynof – hunan-hyder, cynnwrf . . . mae [Cymru yn] gwrthod, gwrthod syrthio, a dyma fuddugoliaeth arall . . . O hyn ymlaen fydd petha'n newid. Tro mawr yn fy hanes . . . fydd na ddim peidio ar weithio rŵan.[37]

Yn sicr, felly, yr oedd 14 Gorffennaf 1966 a 10 Hydref 1974 yn gerrig milltir arwyddocaol i Angharad Tomos yn hanes gwleidyddiaeth Cymru. Yn dilyn yr hanes am fuddugoliaeth Gwynfor Evans yn 'Achos Mae' eir ymlaen i sôn am sefydlu'r 'Gymdeithas Laith Gymraeg' a gynhwysai '[g]riw o bobl ifanc oedd . . . wedi diflasu braidd ar Blaid Cymru ac yn teimlo fod Saunders Lewis a phawb arall a'i dilynodd wedi cymryd agwedd lawer iawn rhy ddifrifol tuag at Gymru a'i dyfodol'.[38] Ond wedi i un genhedlaeth fynd heibio cyfyd tensiwn o fewn y Gymdeithas Laith:

> Yn sydyn, difrifolodd popeth, bu cwerylon gyda to [sic] newydd y Gymdeithas Laith, ac yn y diwedd, aeth y rhai oedd mwyaf o ddifrif ynglyn [sic] â'r frwydr ati i sefydlu Adfail. Adfail oedd gobaith a gwaredigaeth y rhan fechan o Gymru a elwid yn 'Y Fro Gymraeg' sef y stripyn o ardaloedd Cymraeg rhwng Ceredigion a Chaernarfon. Trodd Gethin ap Urien ei egnion i'r cyfeiriad hwn, tra canolbwyntiai Branwen ar blanta.[39]

Yn sicr, adleisiau o'r berthynas rhwng Cymdeithas yr Iaith Gymraeg ac Adfer yw'r ddau fudiad uchod. Sefydlwyd Adfer ym 1971 gan Emyr Llywelyn; datblygodd o rengoedd Cymdeithas yr Iaith Gymraeg gyda'r bwriad o sefydlu'r Gymraeg fel yr unig iaith yn y bröydd Cymraeg.

Wedi hyn ailgydir yn hanes pentref Derwen Gam, gan ganolbwyntio ar y cyfnod pan oedd Deri Eleni yn ddwy oed.

Erbyn hyn, y mae sefyllfa'r pentref wedi gwaethygu'n aruthrol wrth i fwy o fewnfudwyr ddod i fyw yno. Gan fod prinder pobl ifainc yn y pentref, dim ond un plentyn – a'i enw, Jamie, yn amlygu mai un o deulu o Saeson ydyw – a anwyd yn ystod y ddwy flynedd rhwng genedigaeth Deri Eleni ac ail blentyn Gethin a Branwen, sef Egin Hedd. Ond ymhen tair blynedd arall, dechreua Mr Jonathan Pratt ymgyrchu unwaith eto i gael gwared â'r hen dderwen gam, a chanddo, y tro hwn, dipyn mwy o gefnogaeth. Ymdafla Gethin ap Urien i'r ymgyrch fel o'r blaen, gan gynnal cyfarfod cyhoeddus i achub y dderwen:

> ond y tro hwn, tri yn unig a ddaeth. Gethin ei hun oedd un, Branwen oedd y llall, a Mrs. Williams Hyfrydle oedd y trydydd. 'Roedd Maldwyn Huws wedi marw, fel cymaint o rai eraill, tra symudodd sawl un i fyw, neu i gartref henoed. O'r rhai oedd yn dal i fyw yn y pentref, ac yn Gymry, 'roeddent yn rhy fusgrell i ddod i'r cyfarfod.[40]

O'r herwydd, collodd Gethin a Branwen y dydd, cafodd Jonathan Pratt ei ddymuniad a chwalwyd y dderwen er mwyn codi 'Filejgrin'. O ganlyniad newidiwyd enw'r pentref o Dderwen Gam i Dderwen Gynt. Fe welir bellach mor boenus o berthnasol yw'r gerdd 'Cân yr Henwr' yn y cyd-destun.

Sgileffeithiau mewnfudo yw un o brif themâu'r nofel anorffenedig hon wrth i ddiwylliant cynhenid pentref a oedd yn drwyadl Gymraeg gael ei ddifa. Y mae'r darlun o eisteddfod olaf pentref Derwen Gam yn un o'r sgileffeithiau hynny:

> Achlysur digalon oedd Eisteddfod olaf Derwen Gynt. Cofiwyd y flwyddyn honno fel yr un aeth Deri Eleni ar streic. Ers blynyddoedd, Deri ac Egin oedd unig gystadleuwyr yr Eisteddfod. Byddai Branwen yn chwarae'r piano, a Gethin yn beirniadu. Deuai Taid a Nain Pant Dreiniog i gynyddu'r gynulleidfa. Taid Dreiniog oedd Llywydd yr Eisteddfod ers blynyddoedd.[41]

Oherwydd yr holl fethiannau a ddaw i ran Gethin a Branwen yng nghyd-destun brwydr yr iaith, gan gynnwys y methiant i sicrhau datganoli ym 1979, anobeithia Gethin ab Urien yn llwyr. Ac o ran brwydr yr iaith fe welir yn awr mor eironig yw geiriau Gethin yn ei araith yn yr ymgyrch gyntaf i achub y dderwen – 'Pan gaiff fy mhlentyn ei eni, 'rwyf am ddod ag ef at y dderwen hon, a dweud, "Fy mab, wele dy etifeddiaeth"'.[42] Y mae'r enw Olaf yn awgrymu tranc cenedl; yr ergyd, wrth gwrs, yw mai ef fydd yr olaf i gael ei eni i deulu o Gymry Cymraeg ym mhentref Derwen Gam. Ond caiff Gethin ab Urien syniad rhyfedd i geisio goresgyn ei holl bryderon:

> Cydiodd syniad gwallgof yn Gethin ab Urien, ond er mor wallgof ydoedd, ni allai adael iddo fod. Deuai'r syniad i'w darfu yn oriau tywyll y nos, deuai i guro ar ddrws ei feddwl wrth i'r wawr dorri. Byddai'r syniad hwn yn ateb ei ofnau, byddai'n datrys y broblem a'i wynebai [sic] yn barhaol. Onid oedd modd arbed Olaf? Onid oedd modd ei amddiffyn rhag erchyllterau'r byd?[43]

Y 'syniad gwallgof' – a gaiff ei weithredu – yw embalmio ('piclo') ei drydydd plentyn, a'i unig fab, sef Olaf ap Gethin. Er mor od a rhyfedd yw'r syniad hwn, y mae arwyddocâd ieithyddol-gymdeithasol i'r weithred. Fe gofir sut y bu i Angharad Tomos holi, 'ai piclo ein diwylliant a wnawn, a'i rwystro rhag datblygu?'[44] Mewn erthygl yn sôn am ei thaith yn ystod haf 2004 i Norwy i siarad mewn cynhadledd ar 'Ieithoedd dan Fygythiad', cyfeiria Angharad Tomos at sylw Amin Maalouf, Methodist o Lebanon:

> Dywedodd sawl peth cofiadwy – soniodd am urddas a pharch at ieithoedd.
>
> Nid eu piclo oedd angen eu gwneud, ond rhoi cyfle iddynt fyw yn iawn heb golli undod cof eu pobl.[45]

Trwy 'biclo' iaith a diwylliant, fe'u gwarchodir drwy eu ffosileiddio a'u rhwystro rhag datblygu'n naturiol, a dyna y mae Gethin ab Urien wedi ei wneud wrth 'biclo' ei fab, Olaf. Hynny yw, symbol yw Olaf o'r iaith Gymraeg a'i diwylliant wedi ymgaregu.

Gwelir felly fod Angharad Tomos wedi defnyddio problemau cyfoes Cymru yn brif destun y deipysgrif 'Achos Mae'. Y mae'n waith cwbl wleidyddol yn ymwneud â thranc cenedl a ddifawyd gan rym mewnfudo. Ond y pwynt pwysicaf yma yw'r ffaith na fedrodd Angharad Tomos gwblhau'r gwaith. Nofel *anorffenedig* ydyw, fel 'Si Hei Lwli', ac y mae'r awdures ei hun yn cyfeirio yn ei llythyr at Islwyn Ffowc Elis at y broblem a ddaeth i'w rhan wrth ysgrifennu nofel mor wleidyddol:

> Un peth sy'n hynod anodd yw fod holl destun y
> gwaith yn llawer rhy agos ataf. Gall rywun [sic] fod
> yn fewnblyg iawn efo'r pethau hyn – 'roedd perygl i
> 'Yma O Hyd' fod felly. Ac ar ddechrau blwyddyn
> newydd fel hyn, degawd newydd, mae angen dipyn
> [sic] go lew o ysbrydoliaeth i barhau gyda'r brwydro
> am Ddeddf Iaith, rhyddid i Gymru, addysg Gymraeg
> a'r mewnlifiad. Mae hyn i gyd yn ddigon syrffedus
> heb orfod sgrifennu nofel yn ei gylch! Mae chwant
> arnaf i gladdu'r cyfan a sgrifennu rhywbeth nad oes
> a wnelo fo ddim â Chymru a'r Gymraeg.[46]

A dyna, wrth gwrs, fu'r canlyniad. Cafwyd gan Angharad Tomos ddwy ymgais i lunio nofel wleidyddol ddiwedd y 1980au – ond bu'r cynigion yn aflwyddiannus am fod y pynciau yn y ddau achos yn 'rhy agos [ati]'. Mae hon yn foment allweddol yng ngyrfa Angharad Tomos. Teimlai angen dybryd am newid o ran cyfeiriad ac am bynciau – a dulliau – newydd. Ar lawer ystyr, y gweithiau anghyhoeddedig, anorffenedig hyn ymhlith papurau Angharad Tomos yn y Llyfrgell Genedlaethol – 'Si Hei Lwli' ac 'Achos Mae' – yw'r echel y try gyrfa Angharad Tomos arni. Dyma'r gweithiau a ddengys pam y trodd oddi wrth Gymru a Chymreictod yn y nofel a luniodd ar ôl 'Achos Mae', sef *Si Hei*

Lwli, ym 1991. Nofel yw *Si Hei Lwli* sydd gyda'r lleiaf 'gwleidyddol' o blith gweithiau Angharad Tomos. Tynnwyd sylw eisoes at y cofnod llenyddol hwnnw ym 1997 sy'n cyfeirio at 'syndod' rhai darllenwyr 'nad oes dim byd amlwg wleidyddol ynglŷn â gweithiau diweddar Angharad Tomos'. Y mae geiriau Angharad Tomos yn ei llythyr at Islwyn Ffowc Elis felly wrth wraidd ein dealltwriaeth o'r dargyfeirio llenyddol yn y 1990au. Mae'r ymdriniaeth yn dra gwahanol yng ngweithiau'r 1990au, wrth i'r awdures droedio llwybrau mwy arbrofol-ffantasïol yn ei ffuglen. Fodd bynnag, yr hyn y dylid ei bwysleisio yma yw hyn: er bod *Si Hei Lwli* ar un olwg yn ymddangos fel dechrau newydd i yrfa lenyddol Angharad Tomos, y mae'n bwysig nodi hefyd fod undod yn nodweddu *oeuvre* yr awdures. Er mor ymddangosiadol wahanol yw gweithiau'r 1990au o'u cymharu â'r gweithiau cynnar yn y 1970au a'r 1980au, mae modd eu gweld ar lawer cyfrif fel datblygiadau mwy soffistigedig o'i syniadau cynnar.[47]

Nodiadau

1 Gweler y cofnod ar Angharad Tomos yn Meic Stephens (gol.), *Cydymaith i Lenyddiaeth Cymru* (Caerdydd: Gwasg Prifysgol Cymru, 1997), 719-20.
2 Llythyr gan Angharad Tomos at Islwyn Ffowc Elis, 9 Ionawr 1990, Papurau Angharad Tomos, C2/2, Llyfrgell Genedlaethol Cymru.
3 'Si Hei Lwli' [fersiwn teipysgrif], Papurau Angharad Tomos, C2/2, Llyfrgell Genedlaethol Cymru.
4 'Si Hei Lwli' [fersiwn llawysgrif], Papurau Angharad Tomos, C2/1, Llyfr 1, Llyfrgell Genedlaethol Cymru.
5 Llythyr gan Angharad Tomos at yr awdur presennol, 16 Mai 2005.
6 'Si Hei Lwli' [fersiwn teipysgrif].
7 'Si Hei Lwli' [fersiwn llawysgrif].
8 Ibid.
9 Ibid.
10 Ibid.
11 Ibid.
12 'Brwydro', *Awen: Detholiad o Gyfansoddiadau Eisteddfod Ryng-golegol Cymru, Aberystwyth 1977* (1977: ni cheir manylion cyhoeddi), 4.
13 Alan Llwyd (gol.), *Cerddi R. Williams Parry: Y Casgliad Cyflawn 1905-1950* (Dinbych: Gwasg Gee, 1998), 135.
14 'Croesawu cwymp Prifysgol Cymru', *Yr Herald* (26 Ionawr 2002), 8.

15 'Digon hawdd beirniadu o bell', *Yr Herald* (19 Hydref 2002), 8.

16 Angharad Tomos, *Yma O Hyd* (Talybont: Y Lolfa, 1985), 10.

17 Llythyr gan Angharad Tomos at Islwyn Ffowc Elis, 9 Ionawr 1990.

18 'Brwydr Dderwen Gam', *Tafod y Ddraig* (Hydref 1973), 6.

19 Ibid., 7.

20 'Parhau'n destun tristwch y mae stori Derwen Gam', *Yr Herald* (20 Tachwedd 1993), 2.

21 'Brwydr Dderwen Gam', 7.

22 Jason Walford Davies, 'Waldo Williams a "Buddugoliaeth yr Afonydd"', yn Jason Walford Davies (gol.), *Gweledigaethau: Cyfrol Deyrnged Yr Athro Gwyn Thomas* (Llandybïe: Cyhoeddiadau Barddas, 2007), 201-41. Ar gerdd Waldo mewn perthynas â helynt pentref Derwen-gam, gweler ibid., 227.

23 Ibid., 223, 224.

24 Llythyr gan Angharad Tomos at Islwyn Ffowc Elis, 9 Ionawr 1990.

25 'Achos Mae', Papurau Angharad Tomos C2/2, Llyfrgell Genedlaethol Cymru, 2-3.

26 Ibid., 2.

27 Thomas Jones, *Gerallt Gymro: Hanes y Daith Trwy Gymru – Disgrifiad o Gymru* (Caerdydd: Gwasg Prifysgol Cymru, 1938), 231-2.

28 'Achos Mae', 3-4.

29 Ibid., 5.

30 Ibid., 4.

31 *Tanddaearol*, Papurau Angharad Tomos S/6, Llyfrgell Genedlaethol Cymru, 39.

32 'Achos Mae', 14.

33 Ibid., 11.

34 Ibid., 14-15.

35 Ibid., 16.

36 Ibid., 19.

37 Angharad Tomos, *Cnonyn Aflonydd* (Caernarfon: Gwasg Gwynedd, 2001), 44.

38 'Achos Mae', 20.

39 Ibid., 20.

40 Ibid., 21.

41 Ibid., 22.

42 Ibid., 4.

43 'Achos Mae' [fersiwn llawysgrif], Papurau Angharad Tomos, C2/1, Llyfr 2, Llyfrgell Genedlaethol Cymru.

44 Llythyr gan Angharad Tomos at Islwyn Ffowc Elis, 9 Ionawr 1990.

45 'Tro bach yn Trømso', *Yr Herald* (25 Medi 2004), 8.

46 Llythyr gan Angharad Tomos at Islwyn Ffowc Elis, 9 Ionawr 1990.

47 Gweler y drafodaeth lawn ar weithiau'r 1990au yn Awel Mehefin Edwards, 'Yr Awdures Aflonydd: Astudiaeth o Ffuglen Angharad Tomos (1975-2004)', traethawd MPhil anghyhoeddedig, Prifysgol Cymru, Bangor, 2006, tudalen 146 ymlaen.

YSTRYDEBAU ETHNIG
ISLWYN FFOWC ELIS

gan Simon Brooks

Nid yn aml y trafodir nofelau Islwyn Ffowc Elis ar yr un gwynt
â syniadau hiliol, ond dyna a ddigwyddodd ychydig flynyddoedd
yn ôl yn *Taliesin* pan aeth Daniel Williams i'r afael â stereoteipio
ethnig mewn nofelau realaidd.

'Hiliaeth anymwybodol y pumdegau' yn ei dyb ef yw'r portread
yn *Cysgod y Cryman* o Francis Oroko, Comiwnydd o Affricanwr
y mae Harri Vaughan yn cyfarfod ag ef yng Ngholeg Bangor,
gyda'i '[d]dwylath o hynawsedd danheddog, a'i wyneb yn
disgleirio fel eboni wedi'i rwbio [...] y rhan helaethaf o lawer o'i
ddwylath yn goesau'.[1] Nid ef yw'r unig fyfyriwr comiwnyddol
yn y nofel y rhoddir sylw mawr i'w ethnigrwydd. 'Llanc eiddil o
Lerpwl [...] gyda llygaid culion, o dad Seisnig a mam Sineaidd'
yw Lee Tennyson 'wyneb melyn'.[2] Meddai Daniel Williams am
hyn: 'Awgrymir mai canlyniad ymadael â gwerthoedd bro,
llinach a chenedl a ymgnawdolir yn Lleifior ac yn niwylliant
Dyffryn Aerwen yw cenhedlu llanciau "melyn", "eiddil", sy'n
hanner Seisnig a hanner Sineaidd.'[3]

Try wedyn at Karl Weissmann, arwr Almaenig *Cysgod y
Cryman*, a sylwi iddo fod yn aelod o'r Deutsches Afrikakorps yn
ystod yr Ail Ryfel Byd: 'Pan gyplysir y disgrifiad hwn [sef y
disgrifiad o Francis Oroko] â'r ddelwedd ystrydebol o'r
gweithiwr a geir yng nghymeriad Wil James, a'u cymharu â'r
disgrifiadau cwbl edmygus a ddefnyddir wrth bortreadu Karl –
cyn-aelod, wedi'r cwbl, o fyddin Rommel a ymladdai dros
burdeb hiliol – dechreuwn weld sut gall y broses o ddadadeiladu
realaeth *Cysgod y Cryman* ein harwain at rai o gorneli tywyllaf
ideoleg cenedlaetholdeb Cymraeg y pumdegau.'[4]

Mae modd anghytuno â'r gosodiad trawiadol hwn ar sawl lefel.
Nid oedd pob aelod o'r Wehrmacht yn ystod y rhyfel yn Natsi,
ac nid oes arlliw o Natsïaeth yn perthyn i Karl. Ond roedd Karl

yn swyddog, nid aelod cyffredin, ym myddin Rommel.[5] Mae'n dwyn hefyd y cyfenw anarferol, Weissmann – 'dyn gwyn' – sydd yn llawn cynodiadau hiliol posib, tra mae'r disgrifiad corfforol ohono fel Aryad delfrydedig yn rhyfedd. Fe welir Karl am y tro cyntaf yn *Cysgod y Cryman* yn croesi'r caeau, 'yn dal ac yn osgeiddig, [...] a'i wallt melyn fel gwenith yn yr haul', a Harri yn 'edrych i'w wyneb golau a'i lygaid glas'.[6] Mae Greta, arwres *Yn ôl i Leifior*, yn meddwl amdano 'fel rhyw dduw Nordig wedi hedfan ddeng mil o filltiroedd mewn eroplen i weinyddu Barn', tra mae Mrs Evans, aelod amlwg o Blaid Cymru yn Lerpwl a gwrthwynebydd i briodasau cymysg rhwng Cymry a Saeson, yn medru dweud 'mai Almaenwr oedd o filltir i ffwrdd'.[7] Mae holl ymarweddiad ac osgo Karl yn gydnaws â phurdeb a glendid, rhinweddau y rhoddid cryn bwys arnynt gan Natsïaeth.

A'r gwir amdani yw y gallai Daniel Williams fod wedi cael hyd i lawer mwy o dystiolaeth i gefnogi ei ddadl pe bai wedi cyfeirio at nofelau eraill Islwyn Ffowc Elis. Mae gwaith y nofelydd yn gyforiog o ystrydebau ethnig. Mae Affricanwyr du yn ymddangos mewn dwy o'i nofelau eraill, *Blas y Cynfyd* a *Tabyrddau'r Babongo*, a disgrifir hwy bob tro gyda'u 'cegau'n fflachio gan ddannedd' neu eu 'crwyn yn sgleinio fel y bwrdd yn y gegin gartre wedi i Mam ei gwyro'.[8] 'Dolefain' yn 'ddolefus' a wna Abdwl, yr hanner Arab, wrth weddïo tua Meca yn *Tabyrddau'r Babongo*.[9] Ym marn Caleb Roberts, hen ŵr doeth *Blas y Cynfyd*, 'heidiau Tsheina a Rwsia Asiatig' yw'r bygythiad i wareiddiad y Gorllewin.[10] Yn *Tabyrddau'r Babongo*, mae gan Schuuman, y Boer hiliol, '[b]en fel bocs, a gên a allai falu dwrn bocsiwr'.[11] Mae gan y Sgotyn Macgregor 'wallt cringoch' ac mae'n yfed chwisgi.[12] Mae'r Gwyddel Patrick O'Kelly am 'regi'n enbyd [...] Tymer Wyddelig, ebe Ifans wrtho'i hun'.[13] 'Dyn llyfn, Mecsicanaidd yr olwg' yw'r newyddiadurwr seimllyd o Nevada sy'n ceisio cael stori Elen yn *Y Blaned Dirion*.[14] Ac mae gan y Saeson enwau ethnig amlwg sy'n gwneud hwyl am ben eu cenedl, megis Lady Quenton a Miss Bogglethwaite, tra mae 'bottom' yn elfen gyffredin yn enwau rhai o'r mân-gymeriadau Seisnig a Seisnig eu tras: Mr Littlebottom yn *Tabyrddau'r Babongo*, neu Major Winterbottom yn *Y Gromlech yn yr Haidd*.

Mae modd adnabod cenedl dyn wrth ei wyneb hyd yn oed. Yn *Blas y Cynfyd* fe ŵyr Elwyn Prydderch mai 'wyneb Cymreig, wrth gwrs, oedd yr wyneb meddal, mwyn' sydd gan ddieithryn ar drên yn Llundain.[15] Yn Lerpwl *Yn ôl i Leifior*, ble mae perthynas Greta a Paul yn ddrych ethnig ar berthynas Cymru a Lloegr, sylwa Greta am Paul 'mor Seisnig oedd ei wyneb, mor flinedig dan yr hunanhyder, gan ganrifoedd o lywodraethu cenhedloedd eraill a chynnal ymerodraeth feichus, frau'.[16]

Pe darllenid gwaith Islwyn Ffowc Elis y tu allan i Gymru, go brin y byddai Daniel Williams ar ei ben ei hun yn ei feirniadaeth. Mae'r argyhoeddiad mai'r un peth yn y bôn yw hiliaeth ac ystrydebau ethnig yn un gweddol gyffredin. A byddai rhai yn mynd mor bell â honni bod cyswllt rhwng 'hiliaeth' o'r fath a chenedlaetholdeb lleiafrifoedd ieithyddol. Mae clasur bychan y theorïwyr ôl-strwythurol Ffrengig, Gilles Deleuze a Félix Guattari, *Kafka: Pour une littérature mineure* (1975), yn enghraifft dda o'r meddylfryd cyhuddgar hwn.[17] Yn eu barn hwy, nid yw llenyddiaeth mewn iaith leiafrifol yn 'lleiafrifol'. Yn hytrach mae ymhlith y mwyaf 'mwyafrifol', ac felly gormesol, o lenyddiaethau, gan ei bod yn ceisio meddiannu priodoleddau hanfodaidd, megis gwlad, iaith a bro, a hynny mewn ffordd adweithiol ac ethnoganolog. Un o'r llenyddiaethau iaith leiafrifol a enwant fel enghraifft o'r adwaith honedig hwn yw llên y Llydaweg.[18] Gellid bod yn sicr mai'r un fyddai eu barn am lenyddiaeth yn y Gymraeg.

Ond 'hiliaeth anymwybodol' ai peidio, nid Ffasgydd oedd Islwyn Ffowc Elis. Yn aelod o Blaid Cymru, ac ar wahanol adegau yn ymgeisydd a phropagandydd drosti, roedd yn ddyn o argyhoeddiadau rhyddfrydol dwfn. Mae'r defnydd cyson o ystrydebau ethnig yn ei waith yn broblematig felly. Ond ni chondemniwyd y stereoteipiau ethnig hyn yn yr un ffordd â'r portreadau ystrydebol o weithwyr a merched sy'n britho ei nofelau.[19] Go brin fod hynny'n syndod. Hyd yn oed yn y 1950au, roedd cenedlaetholwyr, gan gynnwys Islwyn Ffowc Elis ei hun, yn sensitif i gŵyn hiliaeth, ac yn amddiffynnol yn ei chylch. Ceir tystiolaeth o hyn yn *Yn ôl i Leifior*, ble mae Gwdig wrthi'n dosbarthu taflenni a phapurau Plaid Cymru y tu allan i ffair Llanaerwen pan gaiff ei herio gan yr heddwas lleol. 'Gwerthu tipyn o lenyddiaeth Ffasistaidd a Natsïaidd yr ŷ'ni, Mr Parri,' medd Gwdig wrth y plismon, 'ceisio codi tipyn o wrthryfel – '– brawddeg ryfedd a dweud y lleiaf.[20] Yr unig esboniad posib arni yw ei bod yn ddychanol, a bod Islwyn Ffowc Elis yn adrodd honiad niweidiol er mwyn gallu taflu dŵr oer drosti. Mae'r dychan yn brawf fod y cyhuddiad o hiliaeth yn un eang, a'i fod yn ddraenen yn ystlys y mudiad cenedlaethol. Ond y mae hefyd yn dangos i Islwyn Ffowc Elis, er gwaethaf ei ystrydebau ethnig, ystyried gwrth-hiliaeth yn rhinwedd.

Ceir tyndra yng ngwaith Islwyn Ffowc Elis rhwng llif isymwybodol ei bortreadau ethnig ystrydebol a datganiadau cyhoeddus o wrth-hiliaeth hunanymwybodol. Ceir tensiwn rhwng stereoteip a goddefgarwch. Cydnabu Daniel Williams fod nodweddion hiliol y disgrifiad ystrydebol o'r Affricanwr Comiwnyddol, Francis Oroko, yn cael eu 'tanseilio' gan agwedd wrth-drefedigaethol Oroko, pwyslais sydd 'yn nes at genedlaetholdeb Gwdig (a'r awdur) nag at unrhyw rym gwleidyddol arall yn y nofel'.[21] Yn wir, mae'n drawiadol mai prif rinwedd Comiwnyddiaeth yng ngolwg Islwyn Ffowc Elis yw bod elfennau gwrth-hiliol yn perthyn iddi. Yn *Cysgod y Cryman*, mae'r Comiwnydd Gwylan yn lleisio gwrthwynebiad yr awdur i '[d]deddfau gwahanu' America, De Affrica, Cenia a Nigeria.[22] A dadlennol tu hwnt yw bod Francis Oroko yn cael ei drin fel 'oen swci deallus' gan ei gyd-Gomiwnyddion o Brydain, gan mai 'un o bennaf anghyfiawnderau'r byd oedd y bar-lliw, ac yn eu hangerdd i ddileu hwnnw, aent allan o'u ffordd i anwesu pob dyn du'.[23] Dyma osodiad sy'n cyfuno mewn un frawddeg hiliaeth anymwybodol Islwyn Ffowc Elis (trin yr Affricanwr fel plentyn, motiff sy'n gyffredin mewn disgwrs imperialaidd a chenhadol Cymreig) gyda'i wrth-hiliaeth ymwybodol (diddymu apartheid).

Mae'n siŵr yr haerai rhai nad oes gwir arwyddocâd yn perthyn i'r ystrydebau anymwybodol hyn. Yr ystrydeb cymdeithasol yw prif gyweirnod Islwyn Ffowc Elis fel llenor, a gellid dadlau ei bod yn anochel o'r herwydd y bydd ganddo stereoteipiau ethnig. Ond agweddau normadol a ymgorfforir yn ei ystrydebau, ac os tybir bod ei safbwyntiau ar ddosbarth, merched a rhywioldeb yn adlewyrchiad teg o werthoedd cymdeithas Gymraeg y 1950au, yna teg synio am ei ddelweddaeth ethnig fel drych digon cywir o agweddau Cymru Gymraeg y cyfnod hefyd.

Yn wir mae'r ystrydebau ethnig yn fwy dadlennol na'r ystrydebau rhywiaethol a dosbarth. Yn yr ystrydebau am ferched a'r dosbarth gwaith mae ideoleg ac arddull Islwyn Ffowc Elis yn ateb ei gilydd. Mae gan ferched a gweithwyr eu lle penodedig mewn cymdeithas ac adlewyrchir hyn gan y portread ohonynt. Mae'r stereoteipiau ethnig yn wahanol, gan fod disgrifiadau anymwybodol hiliol yn gwrthdaro ag ideoleg wrth-hiliol yr awdur. Ar fater moesol fel hil mae gan Islwyn Ffowc Elis yr agwedd wleidyddol a ddisgwylid gan Ryddfrydwr ym Mhrydain y 1950au. Ond mae'r ystrydebau ethnig yn datgelu rhywbeth nas cyfaddefir yn agored. Mae eu pwysigrwydd eithriadol yn deillio o'r ffaith iddynt ddwyn i'r wyneb rywbeth yn y meddwl Cymraeg a fu o'r golwg.

Dadleuai eraill, mae'n siŵr, nad oes dim arwyddocaol ynghylch ystrydebau ethnig Islwyn Ffowc Elis, gan mai dyma'r math o beth a geid yn gyffredin ym Mhrydain yn y 1950au. Dichon bod elfen o wir yn hyn. Digon hawdd fyddai cael hyd i lenorion Saesneg yn y cyfnod yn defnyddio delweddau ethnig cyffelyb i Islwyn Ffowc Elis, a gwaeth. Ond at ei gilydd ni fuasai llenorion o'r fath yn llenwi eu llyfrau gydag ymosodiadau ar hiliaeth. Yr hyn sy'n ddiddorol am Islwyn Ffowc Elis fel cynrychiolydd o'r diwylliant Cymraeg yw fod disgyrsiau o hiliaeth a gwrth-hiliaeth yn bodoli yn ei waith ochr-yn-ochr â'i gilydd.

Awn yn ôl i Leifior, felly, ac at y ffigwr canolog hwnnw, Karl Weissmann, i ddangos y theori hon o gyd-blethiad ystrydeb a goddefiad ar waith. Ffoadur yw Karl. Fel carcharor gwleidyddol y daeth i Ddyffryn Aerwen, ond ar ddiwedd y rhyfel, dychwelodd i fro ei febyd, Dortmund. Yno canfu fod ei gartref 'yn garnedd, a'i dad a'i fam a'i frawd bach Jurgen wedi'u lladd gan fomiau'r R.A.F. Nid oedd gan Karl ond un lle yn y byd i fynd. Daeth yn ôl i Leifior.'[24] Wedi dysgu Cymraeg, ac yn parchu'r gymuned, mae edmygedd Harri a chariad Greta yn arwydd iddo gael ei dderbyn. Ond caiff ei wrthod hefyd. Hanes Wil James yn meddwi'r 'crymffast penfoel', Robin Bol Uwd, er mwyn iddo yntau ymosod ar y 'Jerri bo-oi' liw nos yw'r darluniad mwyaf egr o ymosodiad hiliol yn llenyddiaeth y Gymraeg.[25]

Swyddogaeth wleidyddol Karl Weissmann yn y nofel yw ateb y cyhuddiad bod cenedlaetholdeb yn rhagfarnllyd, wrth gyferbynnu natur oddefgar cenedlaetholwyr Cymraeg ag anoddefgarwch Prydeinwyr.[26] Trefnir yr ymosodiad hiliol arno gan weision fferm sy'n Brydeinwyr Cymraeg. Dylai fod arnynt gywilydd am hyn gan mai dyn da yw Karl Weissmann. Nid purdeb ethnig yw'r gwynder yn ei enw ond ymdrech i ddynodi daioni metaffisegol.[27] I genedlaetholwr rhyddfrydol fel Islwyn Ffowc Elis, mae daioni cyn-filwr Almaenig yn brawf bod modd i unigolyn a chenedl drechu effeithiau difäol totalitariaeth. Yr un mor bwysig iddo yw bod y traddodiad Cymraeg cenedlaetholgar yn cydnabod hyn, a'i fod felly yn cael y llaw uchaf foesol ar y diwylliant Prydeinig gyda'i gasineb ethnig yn erbyn Almaenwyr. Mae ymateb penteulu Lleifior, Edward Vaughan, i gefndir Almaenaidd Karl yn gwbl glir felly: 'Fe wyddo' ni mai Almaenwr ydi o, a bod ei wlad o ychydig yn ôl yn ymladd yn erbyn ein gwlad ni. Ond fe wyddo' ni hefyd nad oes ganddo fo mo'r help am hynny.'[28] Goddefgarwch yw hwn na cheir mo'i debyg yn Lloegr yn y nofel. Pan fentra Karl, yn ei siom wedi priodas Greta â Paul Rushmere, i weithio fel gwas yn Suffolk, mae'n 'ei deimlo'i hun yn estron' yno, 'yn fwy estron yn Suffolk nag ym Maldwyn', gan fod y Saeson yn sôn wrtho byth a hefyd am Hitler a Rommel.[29]

Rhyw hiliaeth Brydeinig yw'r hiliaeth yn erbyn Karl felly, ac mae'n bodoli ymhlith gwerinwyr Maldwyn i'r graddau eu bod hwythau hefyd yn Brydeinwyr. Gan ei fod yn rhugl ei Gymraeg, ac yn mynychu'r capel hefyd, 'wel, waeth ichi ddweud mai Cymro oedd Karl', chwedl Greta.[30] Ond er bod cenedlaetholwyr Cymraeg yn croesawu Karl am ei fod wedi cael ei gymathu'n ddiwylliannol, mynnai Prydeinwyr Cymraeg Dyffryn Aerwen edliw ei ethnigrwydd iddo o hyd. Yn *Cysgod y Cryman*, hiliaeth yw bod rhywun fel Wil James yn gwrthod siarad Cymraeg â'r 'estron', ymdrech i omedd i Karl ei Gymreictod newydd, ac ymgais i wadu i'r iaith Gymraeg ei hawl i fod yn iaith oddefgar, aml-ethnig. Rhan o wead gwleidyddol gofalus y nofel yw bod ymdrechion Wil James i ledaenu celwyddau hiliol ymhlith ffermwyr Dyffryn Aerwen am y 'Jyrman 'na' yn rhan o ymgyrch lwyddiannus y Blaid Lafur i ddiorseddu Edward Vaughan fel cynghorydd sir.[31] Anodd gweld hyn ond fel ymdrech fwriadus gan Islwyn Ffowc Elis i droi'r byrddau ar y Blaid Lafur, a haeru, os bu anoddefgarwch erioed yn nodwedd ar genedlaetholdeb Cymraeg, yna y gallai gwleidyddiaeth Brydeinig a sosialaidd fod yn anoddefgar hefyd.

Dim ond yng ngŵydd Prydeinwyr Cymraeg a Saeson y mae'n rhaid i Karl gywilyddio oherwydd ei gefndir Almaenig. Pan gaiff ei ddyrnu i'r llawr gan y Bol Uwd, edrydd Karl eiriau Crist ar y groes yn Almaeneg: 'Vater, vergib ihnen; denn sie wissen nicht, was sie tun.'[32] Cynddeiriogir y Bol Uwd gan 'sŵn yr iaith ddiarth', a rhoi cic iddo yn ei asennau, gan ei adael fel marw. Dyma ymosodiad corfforol ar yr iaith Almaeneg ei hun, ac mae'n drosiad pwerus am ddrwgdybiaeth Prydeinwyr, boed yn Gymry neu'n Saeson, o ieithoedd a diwylliannau 'estron'. Eisoes ar ddechrau *Cysgod y Cryman* gwelwyd anghysur Wil James wrth iddo glywed sgwrs Almaeneg rhwng Karl a Harri ynghylch rhagoriaethau Schiller a Lessing, dau o ddramodwyr yr Almaen.[33] Arwydd yw'r sgwrs o agwedd fwy rhyddfrydol cenedlaetholwyr Cymraeg at ddiwylliannau eraill. Mae Karl yn cael caniatâd i ddweud gras yn Lleifior yn Almaeneg ar ddydd Nadolig, a chyfieitha Harri o'r Almaeneg i'r Gymraeg pan yw Cymraeg Karl yn methu. Yn bwysicaf oll, myn Greta fod Karl yn dweud wrthi mewn Almaeneg ei fod yn ei charu: 'Ich liebe dich.'[34] Pan wna Karl hynny, fe ddefnyddia 'dich', sef 'ti', yn hytrach na'r ail berson ffurfiol, 'chi', a ddefnyddid bob tro ganddo wrth siarad Cymraeg. Diben yr agweddau cenedlatholgar cadarnhaol hyn ynghylch yr Almaeneg yw dangos y gall ieithoedd heblaw am y Gymraeg fodoli mewn Cymru Gymraeg rydd, ac ymwrthod â'r syniad fod cenedlaetholwyr yn gul. Yn nhyb Islwyn Ffowc Elis, eiddo Prydeinwyr rhagrithiol yw culni, gan nad yw eu goddefgarwch honedig ond yn esgus i hyrwyddo goruchafiaeth un iaith, sef y Saesneg.

Ar lefel ideolegol ymwybodol felly, mae'r portread soffistigedig hwn o Karl Weissmann ac agweddau tuag ato yn enghraifft glir o ymrwymiad Islwyn Ffowc Elis i wrth-hiliaeth, a'i gred fod ganddi le canolog fel un o egwyddorion craidd cenedlaetholdeb Cymraeg. Ar lefel ddelweddol, fodd bynnag, yn y disgrifiadau corfforol ohono yn arbennig, ystrydeb ethnig Aryaidd yw Karl Weissmann. Ystrydeb yw hwn sy'n cael ei gylchdroi yn ei waith, oherwydd mae rhai o'r disgrifiadau eraill sydd gan Islwyn Ffowc Elis o Almaenwyr yn syndod o debyg. Mewn ysgrif hunangofiannol gynnar, 'Eiliadau Tragwyddol', sy'n cyfeirio at ymweliad â Berlin ym 1949, sonnir am fynd am dro yng nghoedwig y Grunewald ar gyrion y ddinas. Ynghanol llonyddwch a chyfaredd y pinwydd tywyll 'nid oedd neb ond ambell Almaenwr hir yn mynd â'i gi ar sgawt fore Sul', a'r ansoddair diffiniol, 'hir', yn hynod debyg i'r ansoddair cyntaf a ddefnyddir am Karl yn *Cysgod y Cryman*, 'tal', fel pe na bai Almaenwyr byrion yn bod.[35] Yn yr ysgrif 'Dyn yw Dyn', sy'n adrodd hanes Islwyn Ffowc Elis yn Nwyrain Berlin, mae'r unig Almaenwr a ddisgrifir yn y ddinas, swyddog gyda'r heddlu gwleidyddol, yn '[d]dyn mawr', tra mae gweinidogion Almaeneg ar eu gwyliau, cyn-garcharorion Hitler, yn anferth folgrynaidd – amrywiad Tiwtonaidd gwrth-ffasgaidd ar y thema.[36] Yn *Wythnos yng Nghymru Fydd*, mae Ifan Powell yn synnu bod Doctor Heinkel, dyfeisydd Almaenig y peiriant amser a fydd yn ei gludo i Gymru'r dyfodol, 'yn fyr', gan ei fod wedi disgwyl gweld 'dyn tal'.[37] Yma felly nid yw'r eithriad i'r rheol ethnig ond yn profi pwysigrwydd y rheol honno. Go brin mai datganiad ideolegol ymwybodol sydd wrth gefn disgrifiadau Islwyn Ffowc Elis o'r Almaenwyr fel pobl dal. Digwydd ar y gwastad anymwybodol, wrth i'w feddwl dynnu ar storfa o nodweddion corfforol sy'n gweddu yn ei dyb ef i aelodau o wahanol genhedloedd.

Nid golwg Karl yn unig a ddarlunnir mewn dull ystrydebol. Mae ei gymeriad hefyd yn un anghymhleth. Paragon ydyw, yn llawn rhinweddau ymddangosiadol: gostyngeiddrwydd, disgyblaeth, ufudd-dod, stoiciaeth. Mae ei fuchedd mor ddilychwin o hunan-aberthol nes bod yn annaturiol. Mae'r ysfa gref sydd gan Karl i wadu ei deimladau emosiynol ynghylch Greta ac i atal ei rywioldeb ei hun hefyd yn annormal. Mae salwch meddwl a niwrosis yn ganolog i rai o nofelau eraill Islwyn Ffowc Elis, megis *Ffenestri tua'r Gwyll* a *Blas y Cynfyd*, ac mae gwybodaeth y nofelydd o wahanol ddamcaniaethau seicdreiddiol yn amlwg ynddynt. Mae'n beth rhyfedd felly na thybiodd y gellid dehongli ataliadau Karl Weissmann fel ymdrech seicolegol i wadu rhywbeth ofnadwy yn ei hanes, rhywbeth o ddyddiau'r Deutsches Afrikakorps efallai, neu o gyfnod Natsïaidd cynt. Y perffeithrwydd atalgar hwn a gymhellodd Daniel Williams i glywed sawr Ffasgaeth ar arogl Karl. Credo absoliwtaidd, iwtopaidd oedd Ffasgaeth, yn chwennych glendid a threfn a pherffeithrwydd. Boed ar lefel isymwybodol ai peidio, mae elfennau o'r portread o Karl yn adleisio hyn.

Ond tebyg, yn hytrach na hafal, yw portread Karl i ieithweddau Ffasgaidd. Y gymuned organaidd Gymraeg yn hytrach na'r wladwriaeth ganoledig dotalitaraidd yw ei gartref ysbrydol. Pwysigrwydd gwreiddiau, cydrywiaeth ddiwylliannol, hierarchaeth gymdeithasol a pharhad traddodiad: dyma werthoedd Karl yn *Cysgod y Cryman* ac *Yn ôl i Leifior*. Gweledigaeth geidwadol yn hytrach na ffasgaidd sydd ganddo. Yn ffigwr Karl Weissmann, mae safbwyntiau rhyddfrydol ynghylch hiliaeth a syniadau ceidwadol am gymdeithas yn bodoli ochr-yn-ochr â'i gilydd.

Yn hanes syniadol y Gymru Gymraeg nid yw'r ddeuoliaeth hon yn gyfyngedig i weithiau Islwyn Ffowc Elis yn unig. Dyma un o gymhlethdodau cenedlaetholdeb Cymraeg rhyddfrydol yr ugeinfed ganrif, yn ei weddau gwleidyddol a llenyddol fel ei gilydd: er bod ei rethreg ideolegol yn adain chwith, y mae'r cyfundrefnau syniadol anymwybodol sy'n ei gynnal yn gwyro tua'r dde. Yng ngwaith O. M. Edwards, tad cenedlaetholdeb rhyddfrydol fel grym diwylliannol yng Nghymru, y mae syniadau democrataidd a blaengar am y werin yn gymysg â hiliaeth achlysurol, megis yn ei sylwadau gwrth-semitaidd yn *O'r Bala i Geneva*.[38] Mae dylanwad gwleidyddion ac awduron rhyddfrydol Cymraeg hanner cyntaf a chanol yr ugeinfed ganrif ar Islwyn Ffowc Elis yn ddiddorol yn hyn o beth. Ceir rhestr o rai o'i arwyr yn *Wythnos yng Nghymru Fydd* pan yw Ifan Powell yn gwrando ar eu lleisiau mewn archif: 'llais Tegla'n darlledu un o *Eiriau'r Bywyd*, llais Gwynfor Evans [...], llais David Lloyd-George, llais Cynan, llais Crwys.'[39]

Un enghraifft o'u dylanwad hanfodol yw'r olygfa enwocaf yng ngwaith Islwyn Ffowc Elis, sef honno yn *Wythnos yng Nghymru Fydd* pan yw hen wraig y Bala yn adrodd 'Yr Arglwydd yw fy Mugail', ac Ifan Powell yn 'gweld â'm llygaid fy hun farwolaeth yr iaith Gymraeg'.[40] Ceir rhywbeth tebyg yng ngherdd Crwys, 'Doli Pen Traeth', pan leferir Cernyweg am y tro olaf wrth i Dolly Pentreath, y siaradwraig frodorol olaf un, ddweud ei phader cyn marw.[41] Mae'n fwy dyledus byth i ysgrif hunangofiannol E. Tegla Davies, '"Nid Ymedy â Hi"', a hanes hynod putain mewn dinas yn Lloegr, nad yw wedi siarad Cymraeg ers ei phlentyndod, yn cyd-adrodd ag ef 'Yr Arglwydd yw fy Mugail' mewn 'Cymraeg cwbl ddilediaith', a hithau ar ei gwely angau.[42] Motiff cenedlatholgar rhyddfrydol ydyw, yn defnyddio sentiment i gyfleu teimladau am anghyfiawnder, colled a darfodedigaeth. Ond fe wna hyn trwy gyfrwng golygfeydd y mae profiad yr unigolyn yn ganolog iddynt. Mae pwyslais unigolyddol o'r fath yn galluogi llenorion fel Crwys a Tegla i barchu pobl o gefndiroedd ethnig eraill. Mewn un gerdd canmola Crwys agwedd oddefgar Ellis Edwards, un o brifathrawon Coleg y Bala, tuag at Iddewon, gan dynnu sylw ar yr un pryd at oddefgarwch Anghydffurfiaeth Gymraeg; tra mae Tegla am achub cam meddyg 'cyn ddued â'r frân' a rhugl ei Gymraeg a wasanaethai yn Llanrhaeadr-ym-Mochnant yn ystod ffliw 1918 yn wyneb cryn hiliaeth.[43] Ond rhan o'r rhyddfrydiaeth hon hefyd yw ei hanoddefgarwch anymwybodol, wrth i Crwys ddarlunio'r Iddew yn ei gerdd mewn modd ystrydebol ac i Tegla fynegi rhagfarnau gwrth-Wyddelig; er enghraifft wrth sôn am chwain fel 'mân Wyddelod' mewn tŷ a fuasai unwaith yn gartref i Wyddyl.[44]

Mae'n llawer haws amgyffred cymysgedd Islwyn Ffowc Elis o ystrydeb a goddefgarwch fel rhan o'r traddodiad rhyddfrydol Cymraeg nag fel rhan o draddodiad ffasgaidd estron. Ond mae derbyn hyn yn arwain at gwestiwn arall, sef pam mae rhyddfrydiaeth Gymraeg, er gwaethaf ei holl radicaliaeth ymddangosiadol, yn medru cynhyrchu datganiadau hiliol isymwybodol o bryd i'w gilydd. Mae a wnelo'r ateb â phwyslais cenedlaetholdeb rhyddfrydol Cymraeg ar sefydlogrwydd cymunedol o'r math a welir yn Lleifior, ac a ddwyfolir gan Karl. Edrychai cenedlaetholwyr ar gymunedau Cymraeg gwledig fel cymunedau organaidd, a daeth yn anorfod wedyn y synnid am hunaniaethau ethnig fel categorïau sefydlog. Ymddengys fod pwyslais cenedlaetholdeb Cymraeg rhyddfrydol yr ugeinfed ganrif ar gymuned organaidd y filltir sgwâr wedi cymell Islwyn Ffowc Elis i synio am ethnigrwydd fel rhywbeth digyfnewid, a bod hyn yn ei dro wedi dilysu ystrydebau ethnig.

Gwelir hyn ar ei fwyaf eglur yn ei nofelau sy'n pwysleisio rhagoriaeth bywyd cefn gwlad. Yn *Eira Mawr*, a *Blas y Cynfyd* mae Cymry Llundain yn tarfu ar sefydlogrwydd y gymuned wledig. Siaradwyr Cymraeg yw'r Cymry hyn, ond oherwydd eu swanc a'u rhamantu nid ydynt yn dderbyniol gan y gwladwyr lleol, ac mae teimladau brogarol gwrth-Lundeinig yn profi'n drech na theyrngarwch ethnig iddynt. 'Dau swel o Lundain' yw Trefor a Diana Rowland *Eira Mawr*, yn cwyno nad oes tegell trydan ar gael yn y ffermdy ym mynyddoedd y Berwyn ble maent yn aros, ac yn gorfod profi 'fod defnydd gwŷr cefn gwlad' ynddynt.[45] Alltudiaeth yw gwraidd salwch meddwl Elwyn Prydderch yn *Blas y Cynfyd*, ond ys dywed Caleb Roberts, doedd hen Gymry sefydlog Cwm Bedw 'ddim yn niwrotig. 'Roedden'hw'n rhy brysur yn brwydro byw. Ac 'roedden'hw'n perthyn. 'Ydech chi'n deall? Yn *perthyn*.'[46] Mae motiff y Cymro alltud colledig yn caniatáu i Islwyn Ffowc Elis arddel rhagfarnau ceidwadol ynghylch mewnfudwyr, ond heb beri tramgwydd ethnig. Mae'r motiff yn cysoni ei radicaliaeth wrth-hiliol â'i dueddiadau isymwybodol 'hiliol', a esgusodir yma gan mai 'hiliaeth' at Gymry ydyw, ac nad yw felly yn 'cyfrif'. Mewn llenyddiaeth Gymraeg, mae atgasedd at y diwreiddiedig yn cael ei fynegi'n fwy llym yn aml iawn yn erbyn Cymry Cymraeg dinesig nag ydyw yn erbyn aelodau o leiafrifoedd ethnig.[47]

Ceir ymdrech debyg i gyfuno gwrth-hiliaeth â delfryd y gymuned organaidd yn y fwyaf gwleidyddol o nofelau Islwyn Ffowc Elis, *Wythnos yng Nghymru Fydd*. Yn y fersiwn iwtopaidd cenedlatholgar o Gymru yn y flwyddyn 2033, mae Ifan Powel, Llywarch a llysgenhadon Bafaria a Ffrisland yn sgwrsio â'i gilydd mewn cymysgedd o Gymraeg, Almaeneg a Saesneg, tra mae Gwyddel yn cyfarch Ail Dŷ Senedd Cymru mewn Cymraeg perffaith.[48] Dyma weledigaeth genedlatholgar o Gymru Gymraeg aml-ethnig ac amlieithog, ble mae'r iaith Gymraeg wedi ei normaleiddio, a phobl o wahanol gefndiroedd ethnig yn ei siarad. Eto mae diffyg presenoldeb rhai grwpiau ethnig yn y nofel yn brawf fod terfynau i'r aml-ethnigrwydd hwn. Mae'n drawiadol mai Cristnogion yn unig sydd yn y Gymru iwtopaidd hon, ac nad oes poblogaeth Foslemaidd nac Asiaidd na chroenddu. Nid oes Saeson ychwaith. Diddorol cymharu hyn â 'Western England' Cymru Brydeinig 2033, ble mae mewnlifiad gan amryw o genhedloedd yn gyfrifol am dranc y Gymraeg, gan greu yn y boblogaeth 'un gybolfa gymdeithasol ddi-wreiddiau, di-gefndir a di-amcan'.[49] Edrydd yr Athro Richards am hanes Cymru 'rhwng 1960 a 1990 [...] yr ergyd fawr olaf: symud dros filiwn o Saeson i mewn i Gymru – i Fôn, i Arfon, i Feirionnydd, i Geredigion'.[50] Mae rhagfarn wrth-Babyddol canol yr ugeinfed ganrif hefyd yn brigo i'r wyneb. Yn y Gymru genedlatholgar, mae 'Eglwys Rufain' wedi aros allan o'r 'Eglwys Unedig' genedlaethol, tra mae'r Gymru Brydeinig yn wlad Gatholigaidd, ble mae Capel Tegid, y Bala wedi'i droi'n swyddfa ac 'Eglwys Santes Fatima' yn gwasanaethu fel addoldy yn ei le.[51]

Mae'n amlwg mai un o amcanion *Wythnos yng Nghymru Fydd* yw trafod y mewnlifiad Seisnig i gefn gwlad, a bod rhagfarn wrth-Gatholigaidd yn gyffredin ymhlith Anghydffurfwyr yn y cyfnod. Ond o ran cyfeiriadau a diffyg cyfeiriadau negyddol eraill at ethnigrwydd, fe ymddengys mai llithriadau isymwybodol ydynt. Nid oherwydd fod Islwyn Ffowc Elis yn ymwybodol hiliol y ceir prinder o bobl groenddu yng Nghymru 2033, ond oherwydd nad ystyriodd y byddai poblogaeth an-Ewropeaidd yng nghymuned organaidd Cymru'r dyfodol. Yma felly mae cyswllt rhwng cenedlaetholdeb rhyddfrydol a 'dychmygu' Cymru fel gwlad groenwyn, tuedd a feirniadwyd gan theorïwyr hil.[52] Ar lefel hunanymwybodol mae agwedd Islwyn Ffowc Elis yn wahanol. Yn *Ffenestri tua'r Gwyll*, er enghraifft, meddyliai Ceridwen ei bod 'yn hoff o Gaerdydd. Pa ddinas well yn brifddinas i Gymru, gyda'i hadeiladau gwynion heirdd a'i pharciau a'i phorthladd a'i hamrywiaeth pobloedd?'[53] *Ffenestri tua'r Gwyll*, fodd bynnag, yw'r fwyaf *avant-garde* a'r lleiaf realaidd o nofelau Islwyn Ffowc Elis, a'r gymuned artistig a bortreadir ynddi yw'r un fwyaf 'artiffisial'. Yn hynny o beth nid yw cyfeiriad Ceridwen at boblogaeth groenddu y Dociau ond yn cryfhau'r ddadl mai prin yw'r lle iddynt mewn cymunedau organaidd.

Y grŵp ethnig y ceir mwyaf o drafod arnynt yn rhyddiaith Islwyn Ffowc Elis yw'r Saeson. Hwynt-hwy yw prif bwnc ei stori gynnar, 'Gryffis', a welodd olau dydd yn Eisteddfod Dolgellau, 1949, ac un o brif themâu ei gyfrol gyntaf, *Cyn Oeri'r Gwaed*, a'i nofel gyntaf, *Cysgod y Cryman*. Ym 1970, cafwyd nofel gyfan, *Y Gromlech yn yr Haidd*, yn hoelio sylw ar fewnfudwyr Seisnig. Yn wir yr unig nofel ble na cheir rhyw gyfeiriad negyddol at 'Saeson' yw *Eira Mawr*, a hynny am ei bod yn well gan wŷr cefn gwlad arddel y gair 'Llundeinwyr'.[54] Mae agwedd Islwyn Ffowc Elis tuag at y Saeson yn bregeth a chanddi dri phen. Ceir gwrth-drefedigaethedd, wrth iddo greu cymeriadau fel Paul Rushmere sydd yn ymgorfforiad o agweddau yn Lloegr at Gymru. Ceir gwrth-wladychiaeth, sef sylwadau yn nodi effaith y mewnlifiad Seisnig ar gymunedau Cymraeg – effaith mewnfudiad mwyafrif ethnig ar leiafrif. A cheir ystrydebu ethnig yn deillio o bwyslais y gymuned Gymraeg organaidd ar drin Saeson fel pe bai pob Sais yr un fath.

Dyma faes dadleuol iawn, a barn wleidyddol y darllenydd a fydd yn penderfynu a ystyria'r portreadau hyn yn 'hiliol' ai peidio.

Mae ysgrif Islwyn Ffowc Elis, 'Y Sais', sy'n bur ddyledus i syniadau Emrys ap Iwan, yn cynnig rhyw fath o faniffesto ar gyfer y safbwynt gwrth-drefedigaethol y byddai'n ei ddilyn ar hyd ei yrfa: 'Y mae'n gonfensiwn mewn llenyddiaeth Gymraeg i beidio â sgrifennu am y Saeson, i beidio â sgrifennu amdanynt yn wrthrychol, ddadansoddol, o leiaf, ac yn sicr ddigon, i beidio â sgrifennu amdanynt gydag unrhyw fesur o wawd. Caiff Saeson sgrifennu a fynnant am Gymry, a Chymry am Gymry, ond gocheled Cymro rhag rhoi'r Sais mewn du a gwyn. Dyna'r confensiwn. Ond gan nad yw cenhedloedd eraill yn ei barchu, ni wnaf innau.'[55] Dilynir hyn o druth gan gyfres o ymosodiadau ar 'y Sais cyhoeddus' (i'w wahaniaethu felly oddi wrth y 'Sais preifat' ac osgoi gan hynny siars hiliaeth) a bardduir am ei fod yn anoddefgar, yn hunan-bwysig, ac am '[g]wbwl gredu ei fod un radd fechan yn well na phob cenedl arall o ddyn'.[56] Gyda chryn eironi, â Islwyn Ffowc Elis ati i ddadansoddi ymdeimlad y 'Sais' o'i waith 'ym mhlaid cyfiawnder' yn rheoli gwledydd eraill, a chadw ymerodraeth: 'Pan fo gwlad o ddynion duon eu crwyn yn galw am ryddid, mae'r Sais a'i danciau yno'n eu rhoi'n eu lle, er mwyn rhyddid. Pan fo nythaid o wŷr goleuach yn ymderfysgu am gyfiawnder, â'r Sais yno'n onest a'u rhoi dan glo, er mwyn cyfiawnder. Beth bynnag a wna, fe'i gwna er lles dynolryw.'[57] Datblygir y thema hon ymhellach yn *Tabyrddau'r Babongo*. Cymhellion gwleidyddol yn hytrach na hiliol felly sydd i'r dadansoddiad hwn o'r Sais cyhoeddus. Nid oherwydd fod y Saeson yn wahanol yn ethnig y mae portreadau Islwyn Ffowc Elis ohonynt yn anffafriol, ond am mai 'Lloegr mewn cnawd' ydynt, yn cynrychioli'r 'behemoth a oedd yn araf wasgu Cymru oddi ar groen y blaned', fel y syniai Greta am Paul Rushmere ar ôl bod mewn cyfarfod cangen o Blaid Cymru.[58] Ymgais i bersonoli grym trefedigaethol yw Paul Rushmere, ac nid yw'n gyfrwng cenedlaetholdeb ethnig, er mai mewn termau ethnig ystrydebol y'i disgrifir yn aml.

Nid yw cenedlaetholdeb ethnig yn absennol o waith Islwyn Ffowc Elis, fodd bynnag. Er mai dim ond mân-gymeriadau o

Saeson a geir yn *Blas y Cynfyd*, mae sylwadau ynghylch mewnfudo yn britho'r nofel wledig hon. Gadawsai Elwyn Prydderch Gwm Bedw yn y 1930au, ac mae'n synnu o glywed, ugain mlynedd yn ddiweddarach, fod Saeson yn y cwm. Dyma ddyddio dechrau'r mewnlifiad Seisnig i gefn gwlad Cymru i'r 1940au; yn gyson, felly, â thystiolaeth llenorion Cymraeg eraill, ynghyd â'r stori 'Gryffis'.[59] Erbyn y 1950au, pan benderfyna Elwyn ddychwelyd i'r cwm, 'Sbrigyn Sais' sy'n cadw'r dafarn yn Llanfihangel, y pentref agosaf at gymuned Gymraeg wasgaredig Cwm Bedw.[60] Mae argoel hefyd y bydd mwy o brynu ar dai cefn gwlad gan Saeson, a gweithred arwrol olaf y nofel yw dymuniad gweddw oedrannus, Ann Owen, i werthu ei fferm yn rhad i un a fydd yn cynnal y diwylliant lleol.[61] Y bygythiad i'r diwylliant Cymraeg yn hytrach na chasineb hiliol yw sail myfyrdodau Islwyn Ffowc Elis am y mewnlifiad.

Ymhelaethir ar hyn yng ngweledigaeth *Wythnos yng Nghymru Fydd* o'r Gymru Brydeinig, 'Western England'. Yn ôl y nofel, aethai Cymry yr ugeinfed ganrif yn lleiafrif yn sgil mewnfudo, a cholli rheolaeth ar y cynghorau lleol. Dilëwyd y bywyd Cymraeg trwy broses o ddemocratiaeth fwyafrifol a ganiateid gan wladychiaeth. Pen draw'r daith fu plannu coedwigoedd (pwnc gwleidyddol a llenyddol dadleuol yn y 1950au) ar draws y cyfan bron o dir Cymru, a chwalu pentrefi cefn gwlad.[62] Barn Islwyn Ffowc Elis am farwolaeth y Gymraeg ar wefusau hen wraig y Bala yw mai canlyniad proses o lanhau ethnig ydyw, gweithred o *ethnocide*.

Yn gymysg â'r ymdriniaethau ideolegol hyn, fodd bynnag, ceir ystrydebu am Saeson nad oes modd ei gyfiawnhau ar sail agweddau gwleidyddol yn unig. Mewnfudwr o Sais trahaus ystrydebol yw Bill Henderson *Y Gromlech yn yr Haidd* sydd am symud cromlech hynafol oddi ar dir a fuasai unwaith yn gladdfa. Wrth geisio gwneud, fe'i melltithir gan ysbrydion y meirw, a dioddefa sawl anffawd. Ar ddiwedd y nofel meddiennir Henderson gan ellyllon o'r cynfyd a'i orfodi i siarad eu hiaith: meddiannu trosiadol ar Saeson y carai Islwyn Ffowc Elis weld yr iaith Gymraeg yn ei chyflawni. Ond gwanheir y nofel gan y portread llwyr negyddol o'i wrth-arwr. Yn Sais ystrydebol o ran ei olwg ('Sais tal cyhyrog'), mae ganddo farn ddilornus am gefn gwlad Cymru ('darn o Connemara'), Anghydffurfiaeth ('Double Dutch') ac nid yw'n gweld dim o'i le ar ofyn i Gymry beidio â siarad Cymraeg.[63] Mae'n ddyn anghynnes, anghymwynasgar, ac yn amhoblogaidd gan ei gymdogion. Y peth pwysicaf amdano yw ei genedligrwydd; cyfeirir ato'n aml fel 'y Sais'. Yn nhyb un o ddoethinebwyr Islwyn Ffowc Elis, Benni Rees, Sychbant, mae'n 'perthyn i hiliogaeth druenus. [...] Mae 'na amryw ohonyn nhw wedi dod i'r ardal 'ma er diwedd y rhyfel. [...] Pobol ydyn nhw sy'n byw mewn pelen wydr. Pelen sy'n powlio o le i le, wedi powlio o ryw dre ddi-liw a di-siâp yn Lloegr 'na, i bowlio'n ôl yno, efalla, ryw ddydd.'[64] Pe bai mwy o amwysedd yn perthyn i gymeriad Bill Henderson, a chroestyniadau cymdeithasol ystyrlon yn cael eu mynegi, gellid amddiffyn *Y Gromlech yn yr Haidd* fel astudiaeth o agweddau trefedigaethol gwrth-Gymreig. Anodd gwneud hynny, fodd bynnag, gyda'r nofel yn y ffurf y cyhoeddwyd hi.

At ei gilydd felly, mae ymdriniaeth Islwyn Ffowc Elis â Saeson yn un hunan-ymwybodol wrth-drefedigaethol, er bod ystrydebau ethnig gwrth-Seisnig yn brigo i'r wyneb o bryd i'w gilydd hefyd. Digwydd rhywbeth cyffelyb mewn sefyllfaoedd trefedigaethol eraill a bortreadir yn ei nofelau. Yn *Y Blaned Dirion*, nofel a leolir yn rhannol yn yr Unol Daleithiau, ceir naws wrth-drefedigaethol wrth i agweddau hiliol ynghylch brodorion America a'u hieithoedd gael eu collfarnu: 'Wel, efallai'u bod nhw'n fwy gwâr nag y mae'ch rhagfarn wedi'ch cyflyru chi i gredu', medd Dr Teyrnon Williams, Cymro Cymraeg o wyddonydd a phleidiwr i'r iaith Gymraeg.[65] Dyna'r farn a ddisgwylid am frodorion America, gan gryfed y motiff mewn llenyddiaeth Gymraeg ddiweddar sy'n cyffelybu tynged pobloedd ac ieithoedd brodorol America i hynt y Gymraeg.[66] A dyna'n ddi-os farn bersonol Islwyn Ffowc Elis, gŵr a gyhoeddodd ychydig flynyddoedd wedi cyhoeddi *Y Blaned Dirion* y carai 'wneud un *western* lle byddai'r Apache neu'r Cherokee yn sychu'r llawr â'r US Calvary ac yn ogoneddus fuddugoliaethus ar y diwedd', gan weld hanes y brodorion fel brwydr yn erbyn gwladychiaeth.[67] Ac eto, er gwaethaf ymrwymiadau cyhoeddus o'r fath i wrth-drefedigaethedd a gwrth-hiliaeth, mae syniadau ystrydebol ynghylch diwylliant brodorion America yn llechu yn isymwybod y nofel. Gwaith yr 'Indiad', Sirocawi, ymhlith y Cymry yw cyfryngu ar eu rhan â bodau anhysbys y Blaned Dirion. Wrth ddarlunio Sirocawi fel *medium* mae Islwyn Ffowc Elis yn arddel stereoteip ethnig ynghylch arallfydolrwydd brodorion America.

Cynigia disgrifiadau Americanaidd *Y Blaned Dirion* gyfle i Islwyn Ffowc Elis arddangos ei liwiau gwrth-hiliol mewn cyfeiriad arall, wrth iddo adrodd profiad Elen Powel o gael ei symud ar fws o sedd yn ymyl dyn du i sedd a gedwid ar gyfer gwynion.[68] Cyhoeddwyd *Y Blaned Dirion* yn Nhachwedd 1968, rhyw chwe mis wedi llofruddiaeth Martin Luther King ym Memphis ar drothwy'r Pasg y flwyddyn honno, ac roedd sylw o'r fath yn rhan o'r ymateb mawr a gafwyd ymhlith Cristnogion, heddychwyr a chenedlaetholwyr Cymraeg i'r frwydr hawliau sifil yn America. Byddai'r cofiant Cymraeg *Martin Luther King* yn cael ei gyhoeddi o fewn ychydig fisoedd, a chafwyd cerddi teyrnged gan Gwyn Thomas a Rhydwen Williams ymhlith eraill.[69] I Islwyn Ffowc Elis roedd ymateb o'r fath yn rhan o argyhoeddiad oes ynghylch cydraddoldeb lliw. Mor gynnar â 1952 dadleuasai mai'r un yw dyn ymhob man, a phe cymerai ei wyliau haf yn y Congo, 'mae'n debyg y down yn ôl wedi 'ngweld fy hunan yno wrth y miloedd, ond bod fy nghroen yn ddu'.[70] Yn *Cysgod y Cryman* y flwyddyn wedyn rhoes gondemniad ar apartheid yng ngenau Gwylan. Nid yw'n annisgwyl felly fod un o nofelau mwyaf uchelgeisiol Islwyn Ffowc Elis, *Tabyrddau'r Babongo*, yn trafod y pwnc hwn.

Y peth mwyaf anffodus am *Tabyrddau'r Babongo* yw ei theitl. Mae i'r teitl adlais heddiw o'r wlad Affricanaidd honno yn y dychymyg Seisnig hiliol, 'Bongo-bongo land', term a fathwyd ym 1991 gan y dyddiadurwr Torïaidd, Alan Clark. Barn T. Robin Chapman yw y bydd portreadau cartwnaidd, ffarslyd y nofel o ethnigrwydd yn sicrhau 'na welir ei hailgyhoeddi am fod ei dychan mor anghydnaws, bellach, ag uniongrededd gwleidyddol-foesol cyfoes'.[71] Cred nad âi unrhyw wasg Gymraeg i'r afael â hi rhag ofn ei labelu'n hiliol. Ac eto, nid nofel hiliol mewn unrhyw ystyr syml mo *Tabyrddau'r Babongo*. Fel pob un o weithiau Islwyn Ffowc Elis, mae'n gyfuniad od o rethreg ac amcanion gwrth-hiliol wedi'u cymysgu ag ystrydebau ethnig. Gan mai fel ffars wleidyddol wrth-hiliol y'i bwriadwyd, mae'n bosib y gellid dadlau bod rhai o'r ystrydebau ethnig mwy eithafol sydd ynddi yn ddychan mewn gwirionedd ar stereoteipio. Pan geir mewn print nofelau Saesneg dadleuol sy'n trafod trefedigaethedd a hiliaeth, ac ar un olwg yn bleidiol iddynt – megis *Heart of Darkness* Joseph Conrad neu *Kim* Rudyard Kipling – mae'n anodd gweld pam na ddylid cael argraffiad newydd o *Tabyrddau'r Babongo*.[72] Wedi'r cwbl, dyma'r unig nofel 'ôl-drefedigaethol' o bwys yn y Gymraeg, a hynny o law un o'n prif awduron.

Ceir llwyth o'r enw Babongo yng nghyn-drefedigaeth Ffrengig y Gabon yng ngorllewin Affrica; llwyth nomadaidd, frodorol y mae'r fforest ac ysbrydion y meirw (elfennau pwysig yn nhri phrawf Babongo y nofel) yn bwysig iddyn nhw.[73] Ond nid yn yr Affrica Ffrangeg y gosodir *Tabyrddau'r Babongo*, ac nid Babongo y byd go-iawn yw Babongo Islwyn Ffowc Elis. Lleolir *Tabyrddau'r Babongo* yn hytrach ar blanhigfa ym mherfeddwlad cefn gwlad Cenia, mwy na thebyg yn yr Ucheldiroedd Canol, ychydig ddyddiau o daith o borthladd Mombasa, a enwir ddwywaith yn y nofel.[74] Gwladychwyd yr Ucheldiroedd Canol, tiriogaeth llwyth yr Agikuyu, yn helaeth yn hanner cyntaf yr ugeinfed ganrif gan Brydeinwyr.[75] Mae rhai o nodweddion llwyth yr Agikuyu yn arwynebol debyg i'r Babongo fel y portreadir hi yn *Tabyrddau'r Babongo*: byw mewn cytiau mewn ardal fynyddig a ffrwythlon, parch at ysbrydion hynafiaid a dynion hysbys, perthynas anodd â llwyth arall, peth gwrthwynebiad i genhadaeth, dawnsfeydd rhywiol defodol a berfformir gan ddynion a merched ieuainc, ac, yn fwyaf arwyddocaol, gwrth-Brydeindod.[76] O blith yr Agikuyu y cododd gwrthryfel arfog y Mau Mau a rwygodd gefn gwlad Cenia gydol y 1950au. Wedi i'r Mau Mau gael eu trechu, llwyddodd cenedlaetholwyr cyfansoddiadol y Kenya African National Union o dan arweiniad Jomo Kenyatta, yntau o lwyth yr

Agikuyu, i ennill mwyafrif seneddol mewn etholiadau, ac ym 1963, datganwyd annibyniaeth. Cyhoeddwyd *Tabyrddau'r Babongo* ym 1961, ac mae naws wleidyddol y nofel yn gweddu i'r cyfnod yng Nghenia *circa* 1959-61 pryd y cafwyd twf mewn gwleidyddiaeth gyfansoddiadol genedlaetholgar o'r math a fuasai wrth fodd aelod o Blaid Cymru. Mae ffigwr Mbawa Jarmodo, arweinydd cenedlaetholwyr Affricanaidd *Tabyrddau'r Babongo*, yn seiliedig ar Jomo Kenyatta, ac i raddau llai ar Gwynfor Evans.

Cymdeithas drwyadl hiliol yw un y nofel. Mae'r Prydeinwyr ar frig yr hierarchaeth ethnig, a'r Saeson yw'r rheolwyr yn eu plith. Dyna ichi Talbot, pennaeth y blanhigfa, yn rhugl mewn 'barking Telegraphese';[77] ei ddirprwy, Macgregor, Sgotyn meddw; dirprwy hwnnw, O'Kelly, Gwyddel a Phabydd; ac yna, ar waelod y gynghrair Brydeinig, Cadwaladr Ifans, llipryn o Gymro. O dan y Prydeinwyr mae'r brodorion gwyn: hiliol, chwerw, ac yn ofni y bydd Ymerodraeth y 'bastardiaid Saeson' yn eu bradychu.[78] O danynt hwythau, 'dynion gwyn [...], ond heb fod yn hollol wyn. Yr wyf yn credu bod rhyw gymysgedd gwaed ynddynt (*touch of the tar-brush* yr oedd O'Kelly'n galw'r peth)', chwedl Cadwaladr.[79] Teimlant gywilydd eu tras, fel Schuuman y fforman, sydd â'i 'lach ar yr Affricanwyr. Hen friw dan y croen. I nain o'n ddynes ddu. Byth wedi madde iddi.'[80] Rhwng y gwynion a'r duon, yn cael gwaith fel gorsaf-feistri, barmyn a fformyn cynorthwyol, mae Indiaid, sy'n bwyta reis â'u dwylo, ac Arabiaid 'brown'.[81] Ar y gwaelod mae'r 'blacs', serch bod rhagor rhwng 'blac' a 'blac'.[82] Mae rhai yn fwy breintiedig na'i gilydd, fel gordderch Macgregor, 'merch ddu [...] er nad hollol ddu'.[83] Mae eraill yn fwy Prydeinig eu cydymdeimlad na'i gilydd megis llwyth y Wawapesi, sy'n 'lliw siocled budr'. Mae'r Babongo eu hunain, yn wrthryfelgar a chenedlaetholgar, a chyn '[d]dued â blacin'.[84] Dyma wehilion y gymdeithas fel y'i gwelir trwy lygaid gwynion. Fe elwir y duon yn 'nigars', 'nigs', 'wogs', 'Dam wogs! Blydi nigs!'[85]

Ar lefel ymwybodol, wrth gwrs, mae Islwyn Ffowc Elis yn condemnio hyn. Y Sgotyn Macgregor yw llais gwrth-drefedigaethol mwyaf effeithiol y nofel. Mae am chwipio

Cadwaladr wedi i hwnnw golli'i bwyll ac ymosod ar y gweithwyr duon; mae'n collfarnu'r disgwyl blynyddol ar y Babongo i ddawnsio ar fuarth y blanhigfa, er difyrrwch y *District Commissioner*, fel cais iddynt 'ddawnsio fel cŵn mewn syrcas'; a dywed wrth Talbot 'fod mwy o enaid yn yr un eneth ddu yna', sef ei ordderch, 'nag yn ych holl hiliogaeth *Sassenach* bydredig chi'.[86] Deifiol hefyd yw ei ddisgrifiad sarcastaidd o'r Genhadaeth Dramor fel 'Ceinioge mewn bocsus i'r plant bach duon', a'i farn ohoni fel prop ysbrydol i drefedigaethedd.[87] Mae gogan Islwyn Ffowc Elis ar fuchedd Anghydffurfiol Brydeinllyd Cadwaladr, sydd am sefydlu rhyw Gymdeithas Burdeb a Moes at ddefnydd Prydeinwyr diwair ac Affricanwyr dof, ymhlith y pethau mwyaf treiddgar iddo ei ysgrifennu ar hyd ei yrfa.

Athrylith *Tabyrddau'r Babongo* yw fod ei dadansoddiad o drefedigaethedd yng Nghenia yn agor y drws ar drin trefedigaethedd yng Nghymru. Mae peri i Gymro Cymraeg rhyddfrydol fel Cadwaladr Ifans gyflawni swyddogaeth fel imperialwr Prydeinig yn caniatáu darlleniadau deublyg o'r nofel, yn llawn eironi a dychan. Wrth gyrraedd Affrica, teimla Cadwaladr ddieithrwch a pheth ofn yn wyneb diwylliant brodorol sy'n llawn o fygythiadau potensial. Mae ei hiraeth am wynebau gwynion, a'i ofn o'r wynebau duon sydd ar bob tu iddo, yn debyg i hiraeth Saeson yng Nghymru am gynefindra yr iaith Saesneg, a'u hansicrwydd wrth wynebu'r Gymraeg. Tebyg felly yw anallu Cadwaladr i gofio'r gwahaniaeth rhwng enwau aneddleoedd fel Mbonga, Mbongo a Mbwngw i 'anobaith Saeson wrth geisio datrys y Llannau a'r Llanfeiriau yng Nghymru'.[88] Wrth galon y nofel ceir tröedigaeth pan dry Cadwaladr yn gefnogwr cenedlaetholdeb Affricanaidd. Daw'r goleuni iddo wrth wrando ar Mbawa Jarmodo *a.k.a* Jomo Kenyatta *a.k.a* Gwynfor Evans yn annerch torf liw nos yn New Princetown, prifddinas y diriogaeth, mewn Saesneg 'a'r Saesneg hwnnw'n llyfn ac yn llwybraidd gydag ambell awgrym od o acen Gymreig'.[89] Roedd, meddai Cadwaladr mewn llythyr at ei deulu, fel pe bai'n gwrando ar John Elias.[90] O hyn ymlaen, fe feddiennir Cadwaladr gan yr awch 'i achub Affrica' er bod ei ymdrechion yn y cyfeiriad hwnnw yr un mor aneffeithiol â'i gefnogaeth gynt i'r drefn drefedigaethol.[91] Yn y diwedd, rhaid i'w gariad ei hysbysu nad Affricanwr mohono ac y dylai weithio tuag at ryddhau ei bobl ei hun.

Yn bendifaddau, dyma nofel wrth-drefedigaethol a gwrth-hiliol. Ac eto, mae'n llawn o'r math o ystrydebau ethnig a gymhellodd Daniel Williams i weld yn *Cysgod y Cryman* 'hiliaeth anymwybodol'. Yn *Tabyrddau'r Babongo*, fodd bynnag, go brin eu bod yn anymwybodol, gan fod y stereoteipio'n rhan annatod o'r ormodiaith sy'n cynnal yr hiwmor *slap-stick* a'r ffars wleidyddol. Mae'n anodd dweud a yw'r ystrydebau yn atgyfnerthu naws hiliol y golygfeydd er mwyn cynyddu grymuster moesol y condemnio a fydd arnynt, neu'n esgus hwylus i ddarparu ffraethinebau ethnig. Egyr y nofel gyda synfyfyrion megis 'A ydych wedi Maclanhau eich dannedd heddiw?'[92] Mae Cadwaladr yn cael trafferth 'dweud oed Affricanwyr', yn cofio iddo 'edrych fel goliwog newydd-eni' yn blentyn ysgol, ac yn gobeithio bod ganddo iau jiráff, mater y mae'n ei drafod gydag Affricanwr sydd ar ei bedwar o dan y bwrdd.[93] Mynegi drychfeddyliau hiliol er mwyn eu collfarnu yw hyn, fwy na thebyg. Ond ceir hefyd ddisgrifiadau sarhaus o ddiwylliant Affrica nad ydynt yno ond er mwyn digrifwch, megis yn y disgrifiadau ffarslyd o dri phrawf darogan y Babongo a osodir ar Cadwaladr, sef gorwedd mewn dŵr llawn crocodilod am dridiau, eistedd ar ben coeden am dridiau arall, ac yna cymuno â'r meirw yng nghladdfa'r penaethiaid. Mae Cadwaladr yn cwympo o ben y goeden. Mae'n wir i Islwyn Ffowc Elis beri i Fethodistiaeth Gymraeg ymddangos yr un mor chwerthinllyd â'r credoau Affricanaidd hyn, ond mae gan rywun fwy o hawl i feirniadu ei ddiwylliant ei hun.

Tabyrddau llwyth y Babongo yw symbol mwyaf dyrys ond canolog y nofel. Maen nhw yno ar yr achlysuron mwyaf trefedigaethol a chenedlatholgar fel ei gilydd. Pan ddawnsia'r Babongo eu dawnsfeydd rhywiol awgrymog ar fuarth y blanhigfa, fel rhyw fath o *lap dance* i imperialwyr, mae'r tabyrddau'n cael eu curo'n wyllt i ddiddanu'r dyn gwyn. Ac eto meddent ar ryw allu cyfrin i daflu swyngyfaredd dros y sawl sy'n gwrando arnynt. Â Cadwaladr i berlewyg ynghlyw eu curiadau cyson, a chael ei hudo gan rymusterau cyntefig a rhywiol-anifeilaidd eu rhythm i gofio am yr 'hyrddod a'r baeddod a'r teirw a welsai gynt ar fuarth Ty'n Rhos, a deall am y tro cyntaf erioed y serch a'u corddai hwy'.[94] Ond yna, pan gwyd y Babongo mewn gwrthryfel, 'y dryms', chwedl Talbot, sy'n arwyddo eu gwrthsafiad, wrth iddynt gael eu curo'n ddi-baid i rythm Meseianaidd cenedlaetholdeb. Yn eu cyplysiad o ddiwylliant Affricanaidd a rhywioldeb anifeilaidd, mae'r tabwrdd yn symbol sy'n amlwg hiliol. Ac eto, dynoda'r tabyrddau annibyniaeth y diwylliant brodorol Affricanaidd – fel y saif cromlechi *Y Gromlech yn yr Haidd* dros wytnwch y diwylliant Cymraeg – a gallu diwylliannau a drefedigaethwyd i oroesi er gwaethaf pob bygythiad allanol iddynt.

Bu Islwyn Ffowc Elis yn gyson yn ei gefnogaeth i achosion gwrth-hiliol ar hyd ei yrfa. Mae ei bwyslais ar hynny yn unol â thraddodiad gwladgarol rhyddfrydol y Gymru Gymraeg sydd, ers dyddiau gwrthwynebu caethwasiaeth yn y bedwaredd ganrif ar bymtheg, wedi synio am gydraddoldeb hil fel crwsâd foesol. Ac eto, mae nofelau Islwyn Ffowc Elis yn cynnwys ystrydebau ethnig y mae modd dadlau bod cyswllt rhyngddynt a disgwrs hiliol. Nid oes dim ynddynt sy'n ymwybodol hiliol, yn debyg i'r rhagfarnau gwrth-Wyddelig a gwrth-semitaidd a gafwyd bob hyn a hyn yn llenyddiaeth Gymraeg yr ugeinfed ganrif. Ond mae eu stereoteipio isymwybodol yn adlewyrchu'r farn Gymraeg mai sefydlog a digyfnewid yw hunaniaethau ethnig. 'Ni ddaw neb yn ddinesydd o un hen ardal wledig oni aned, o leiaf, ei dadcu yno', ys dywedodd D. J. Williams yn *Hen Wynebau*, ac nid yn eironig chwaith.[95] Yn yr ystyr cyfyngedig hwn, gellid cytuno â Deleuze a Guattari yn eu tybiaeth nad yw llenyddiaeth mewn ieithoedd lleiafrifol am y filltir sgwâr (megis nofelau Islwyn Ffowc Elis) yn rhyw gynhwysol iawn, a bod rhywbeth 'mwyafrifol' (sef normadol) ynddi.

Mewn gwledydd a chanddynt eu gwladwriaethau eu hunain, a'u hieithoedd a'u diwylliannau yn ddiogel, roedd delfrydu cymunedau organaidd yn aml yn rhan o'r un cwlwm syniadol â

Ffasgaeth. Gwelid pwyslais o'r fath yn glir iawn mewn Natsïaeth, er enghraifft. Ond yn y diwylliant Cymraeg, nid ymddengys i'r ddelfryd o gymuned organaidd a gwleidyddiaeth hiliol fod yn rhan o'r un disgwrs o gwbl. Ceir tystiolaeth mewn llenyddiaeth Gymraeg, ar wedd ystrydebau ethnig isymwybodol, y gellid bod wedi gwneud y cysylltiad pe dymunid. Ond ni ddymunwyd hynny gan na llenorion na gwleidyddion cenedlaetholgar Cymraeg, ac nid arweiniodd ystrydebu ethnig at ddatblygiad meddylfryd hiliol ehangach.

I'r gwrthwyneb, tueddai llenorion Cymraeg fel Islwyn Ffowc Elis i weld cyswllt rhwng 'amddiffyn' cymunedau organaidd yng Nghymru a'r frwydr wrth-drefedigaethol a gwrth-hiliol mewn rhannau eraill o'r byd. Mae'r duedd hon yn parhau hyd heddiw. Bu'r farn uniongred am gymunedau organaidd yn gwbl wahanol yng Nghymru Gymraeg yr ugeinfed ganrif i'r hyn ydoedd mewn cenedl-wladwriaethau fel Lloegr, Ffrainc a'r Almaen. Ond nid yw hynny'n golygu mai barn y Gymru Gymraeg oedd yn anghywir.

Nodiadau

1   Islwyn Ffowc Elis, *Cysgod y Cryman* (Aberystwyth: Gwasg Aberystwyth, 1953), 114-115. Dyfynnir yn Daniel Williams, 'Realaeth a Hunaniaeth: O T. Rowland Hughes i Owen Martell', *Taliesin*, 125 (Haf 2005), 19.
2   *Cysgod y Cryman*, 114. Dyfynnir yn 'Realaeth a Hunaniaeth', 19.
3   'Realaeth a Hunaniaeth', 20.
4   Ibid., 20.
5   Islwyn Ffowc Elis, *Yn ôl i Leifior* (Aberystwyth: Gwasg Aberystwyth, 1956), 32.
6   *Cysgod y Cryman*, 20.
7   *Yn ôl i Leifior*, 234, 338.
8   Islwyn Ffowc Elis, *Blas y Cynfyd* (Aberystwyth: Gwasg Aberystwyth, 1958), 16; Islwyn Ffowc Elis, *Tabyrddau'r Babongo* (Aberystwyth: Gwasg Aberystwyth, 1961), 29.
9   *Tabyrddau'r Babongo*, 40.
10 *Blas y Cynfyd*, 142.
11 *Tabyrddau'r Babongo*, 31.

12 Ibid., 26.
13 Ibid., 49.
14 Islwyn Ffowc Elis, *Y Blaned Dirion* (Llandysul: Gwasg Gomer, 1968), 35.
15 *Blas y Cynfyd*, 28.
16 *Yn ôl i Leifior*, 76.
17 Gilles Deleuze a Félix Guattari, *Kafka: Toward a Minor Literature* (Minneapolis and London: University of Minnesota Press, 1986). Cyhoeddwyd gyntaf fel *Kafka: Pour une littérature mineure* (Paris: Les éditions de Minuit, 1975).
18 *Kafka: Toward a Minor Literature*, 24.
19 Delyth George, 'Gwleidyddiaeth a Rhywiaeth', *Islwyn Ffowc Elis* (Caernarfon: Gwasg Pantycelyn, 1990), 42-60.
20 *Yn ôl i Leifior*, 193.
21 'Realaeth a Hunaniaeth', 22-3.
22 *Cysgod y Cryman*, 160.
23 Ibid., 115.
24 Ibid., 20.
25 Ibid., 127-36.
26 Er bod Harri Vaughan yn Gomiwnydd, ac Edward Vaughan yn Rhyddfrydwr, mae'r ddau, fel teulu Lleifior i gyd, yn genedlaetholwyr diwylliannol.
27 Ceir traddodiad mewn llenyddiaeth Gymraeg o ddefnyddio gwynder a düwch fel trosiadau i gyfleu daioni a drygioni.
28 *Cysgod y Cryman*, 149.
29 *Yn ôl i Leifior*, 32, 230.
30 Ibid., 62.
31 *Cysgod y Cryman*, 244.
32 Ibid., 134. Dyfynnir Luc 23:34: 'O Dad, maddau iddynt, oherwydd ni wyddant beth y maent yn ei wneud.'
33 *Cysgod y Cryman*, 37.
34 *Yn ôl i Leifior*, 348: 'Rwy'n dy garu di'.
35 Islwyn Ffowc Elis, 'Eiliadau Tragwyddol', *Cyn Oeri'r Gwaed* (Aberystwyth: Gwasg Aberystwyth, 1952), 42; *Cysgod y Cryman*, 20.
36 Islwyn Ffowc Elis, 'Dyn yw Dyn', *Cyn Oeri'r Gwaed*, 56, 58-9.
37 Islwyn Ffowc Elis, *Wythnos yng Nghymru Fydd* (Caerdydd: Plaid Cymru, 1957), 13.
38 O. M. Edwards, 'Yr Iddewon', *O'r Bala i Geneva* (Y Bala: Davies ac Evans, 1889), 75-81.
39 *Wythnos yng Nghymru Fydd*, 168.
40 Ibid., 214.
41 Crwys [William Williams], 'Doli Pen Traeth', *Trydydd Cerddi Crwys* (Wrecsam: Hughes a'i Fab, 1935), 113.
42 E. Tegla Davies, '"Nid Ymedy â Hi"', *Y Foel Faen* (Lerpwl: Gwasg y Brython, 1951), 188-93.
42 Crwys, 'Ellis Edwards', *Cerddi Crwys* (Llanelli: James Davies a'i Gwmni, 1920), 120-3; E. Tegla Davies, *Gyda'r Blynyddoedd* (Lerpwl: Gwasg y

Brython, 1951), 160.

43 E. Tegla Davies, *Y Sanhedrin Adroddiad o'i Drafodaethau* (Llandysul: Clwb Llyfrau Cymraeg, 1945), 10.

45 Islwyn Ffowc Elis, *Eira Mawr* (Llandysul: Gwasg Gomer, 1971), 46, 82.

46 *Blas y Cynfyd*, 143.

47 Simon Brooks, '"Yr Hil": Ydy'r Canu Caeth Diweddar yn Hiliol?', yn Owen Thomas (gol.), *Llenyddiaeth mewn Theori* (Caerdydd: Gwasg Prifysgol Cymru, 2006), 31.

48 *Wythnos yng Nghymru Fydd*, 33, 87.

49 Ibid., 33, 190.

50 Ibid., 201.

51 Ibid., 68, 211.

52 Gweler, er enghraifft, Charlotte Williams, 'Passports to Wales? Race, Nation and Identity', yn Ralph Fevre ac Andrew Thompson (gol.), *Nation, Identity and Social Theory: Perspectives from Wales* (Cardiff: University of Wales Press, 1999), 75, 82-3.

53 *Ffenestri tua'r Gwyll*, 207.

54 *Eira Mawr*, 38.

55 Islwyn Ffowc Elis, 'Y Sais', *Cyn Oeri'r Gwaed*, 65.

56 'Y Sais', 68.

57 Ibid., 67.

58 *Yn ôl i Leifior*, 75.

59 D. Tecwyn Lloyd, *Safle'r Gerbydres ac ysgrifau eraill* (Llandysul: Gwasg Gomer, 1970), 184; Islwyn Ffowc Elis, 'Gryffis', yn *Cyfansoddiadau a Beirniadaethau* (Lerpwl: Gwasg y Brython, 1949), 35: 'P'le mae 'ngwlad i? Beth mae'r Saeson yn 'i wneud yma? E? Beth ydi'r lingo gythraul y mae'r plant 'ma'n 'i siarad?'

60 *Blas y Cynfyd*, 38.

61 Ibid., 209, 265.

62 Gweler, er enghraifft, D. Gwenallt Jones, 'Rhydcymerau', *Eples* (Llandysul: Gwasg Gomer, 1951), 20-1; D. J. Williams, *Hen Dŷ Ffarm* (Aberystwyth: Gwasg Aberystwyth, 1953), 187.

63 Islwyn Ffowc Elis, *Y Gromlech yn yr Haidd* (Llandysul: Gwasg Gomer, 1970), 7, 8, 44.

64 *Y Gromlech yn yr Haidd*, 25.

65 *Y Blaned Dirion*, 64.

66 Fe'i ceir, er enghraifft, yng ngwaith Gwyn Thomas, Alan Llwyd, Bobi Jones, Iwan Llwyd, Marion Eames, Tecwyn Ifan a nifer o lenorion eraill.

67 Islwyn Ffowc Elis, *Y Cymro* (27 Medi 1972), 4. Dyfynnir yn T. Robin Chapman, *Rhywfaint o Anfarwoldeb: Bywgraffiad Islwyn Ffowc Elis* (Llandysul: Gwasg Gomer, 2003), 242.

68 *Y Blaned Dirion*, 44.

69 T. J. Davies, *Martin Luther King* (Abertawe: Gwasg John Penry, 1969); Rhydwen Williams, 'Y Pasg 1968', *Y Ffynhonnau a cherddi eraill* (Llandybïe: Llyfrau'r Dryw, 1970), 60-1; Gwyn Thomas, 'Cadwynau yn y Meddwl', *Cadwynau yn y Meddwl* (Dinbych: Gwasg Gee, 1976), 7-26.

70 'Dyn yw Dyn', 59.

71   *Rhywfaint o Anfarwoldeb*, 140.
72   Chinua Achebe, 'An Image of Africa: Racism in Conrad's *Heart of Darkness*', yn Robert Kimbrough (gol.), *Heart of Darkness An Authoritative Text Backgrounds and Sources Criticism Third Edition* (London: W.N. Norton & Company, 1988), 251-62;   Edward Said, 'Introduction', yn Rudyard Kipling, *Kim* (London: Penguin, 1987), 7-46.
73   Darlledwyd rhaglen gan BBC 2 am lwyth y Bobongo ar 24 Ionawr 2005: *http://www.bbc.co.uk/tribe/tribes/babongo/index.shtml* [gwelwyd 20 Awst 2007].
74   *Tabyrddau'r Babongo*, 7, 187.
75   Seisnigwyd Agikuyu fel Kikuyu, a'r enw Seisnigedig a geir mewn rhai llyfrau.
76   Gweler L. S. B. Leakey, *Mau Mau and the Kikuyu* (London: Methuen, 1952), ailgyhoeddwyd gan Routledge yn 2004; Godfrey Muriuki, *A History of the Kikuyu 1500-1900* (London: Oxford University Press, 1974).
77   T. Robin Chapman, *Islwyn Ffowc Elis* (Cardiff: University of Wales Press, 2000), 56.
78   *Tabyrddau'r Babongo*, 128.
79   Ibid., 30.
80   Ibid., 33.
81   Ibid., 39.
82   Ibid., 142, 32.
83   Ibid., 45.
84   Ibid., 42.
85   Ibid., 31, 126, 125.
86   Ibid., 87, 153.
87   Ibid., 34.
88   Ibid., 11.
89   Ibid., 140.
90   Ibid., 157.
91   Ibid., 146.
92   Ibid., 9.
93   Ibid., 53, 58, 66-7.
94   Ibid., 106.
95   D. J. Williams, *Hen Wynebau* (Aberystwyth: Gwasg Aberystwyth, 1934), 21.

'ANIFEILIAID SY'N SIARAD': FFUGLEN ANTHROPOMORFFIG

gan Lynn Elvira Phillips

Mae rhai yn y byd llenyddol yn honni mai alegori o'n byd yw pob ffuglen i ryw raddau, hynny yw, bod y gwahanol fydoedd a bortreadir mewn ffuglen, waeth pa mor ffantastig neu annhebygol, yn cynrychioli'r byd yr ydym yn byw ynddo. Cynhwysa pob nofel emosiynau a ffaeleddau dynol a'r cynefindra hwn sy'n cynnal diddordeb y darllenydd ac yn ei alluogi i ddeall ac uniaethu â'r cymeriadau. Dywed Chris Baldick mai personoli yw prif dechneg alegori ac mae personoli'n golygu priodoli nodweddion dynol i bethau annynol megis anifeiliad, syniadau haniaethol a gwrthrychau difywyd.[1] Yn ôl J. A. Cuddon, 'personification is inherent in many languages through the use of gender',[2] sy'n wir, wrth gwrs, am y Gymraeg. Rhoes John Bunyan nodweddion dynol i syniadau haniaethol yn *Taith y Pererin* (1678) fel y gwnaeth llawer o awduron dramâu alegorïaidd-crefyddol yr Oesoedd Canol a cheir llawer o gyfeiriadau at wrthrychau difywyd mewn barddoniaeth yn arbennig.[3] Ond anifeiliad sy'n cynnig y posibiliadau helaethaf i lenorion ffuglennol oherwydd eu bod yn greaduriaid byw o bob lliw a llun, megis pobl, a hefyd yn rhan o'n hanes. Mae ganddynt eu personoliaethau eu hunain a hyd yn oed eu rhestr eu hunain o 'enwogion', yn arbennig ceffylau, y mae eu henwogion yn cynnwys Incitatus a wnaethpwyd yn seneddwr gan Caligula, yn ôl y chwedl; Bucephalus Alecsander Fawr; Marengo Napoleon a Copenhagen Wellington. Felly mae'n gam hawdd at uniaethu â nhw a'u cynnwys fel cymeriadau mewn nofelau. Awgryma Peter Green yn ei ragair i *The Wind in the Willows* (1908) fod awduron o Aesop ymlaen yn trin anifeiliad fel pobl ddynol mewn gwahanol wisgoedd, ond digwyddodd dau beth yn y bedwaredd ganrif ar bymtheg a newidiodd yr agwedd hon.[4] Yn gyntaf, dechreuodd y Mudiad Rhamantaidd, y credai ei aelodau yn y cyswllt clòs rhwng dyn a natur ac, yn ail, dangosodd Darwin i ddyn ei berthynas â byd yr anifeiliad. Oherwydd y newid hwn mewn agwedd tyfodd nifer o straeon anthropomorffig yn Saesneg wedi'u hanelu gan amlaf at blant, megis llyfrau Beatrix Potter, *Just So Stories* (1902) gan Kipling a *Wind in the Willows* gan Kenneth Grahame. Dyrchafwyd y *genre* yn un addas i oedolion gan George Orwell yn *Animal Farm* (1945) ac, yn ddiweddarach, bu awduron megis Richard Adams a William Horwood yn ymestyn y maes yn bellach ac i gyfeiriadau newydd. Mae'r ddau hyn wedi ymdrechu i gyfleu seicoleg anifeiliaid yn hytrach na'u defnyddio i gynrychioli dynion.

Mae manteision mawr i'w cael wrth ddefnyddio anifeiliaid fel cymeriadau mewn ffuglen: ar sail 'diniweidrwydd' honedig anifeiliaid gall llenor gyflwyno syniadau cymhleth mewn modd syml er mwyn cyrraedd cynulleidfa eang. Mae'n gallu dibynnu hefyd - fwy neu lai - ar apêl gyffredinol anifeiliaid i ddenu pob math o bobl, yn hen ac yn ifanc. Gall hefyd eu defnyddio i leddfu sylwadau miniog: mae'n iawn i anifail diniwed ddweud pethau hiliol, halogol neu rywiaethol ond nid cymeriad dynol. Ac ni chaniateir i'r darllenydd gymryd stori y mae anifeiliaid yn siarad ynddi ormod o ddifri. Felly mae ffuglen anthropomorffig yn darparu clustog rhwng y darllenydd a neges yr awdur mewn modd tebyg i ddyfais y freuddwyd yn *Gweledigaetheu y Bardd Cwsc* (1703) Ellis Wynne. Ond mae anifeiliaid yn well clustogau, gyda mwy o 'stwffin' ynddynt, na breuddwydion: byddai *Thought Police* George Orwell yn gweld bai ar ddyn am ei freuddwydion, ond pwy all weld bai ar anifail?

Felly mae'n amlwg fod ffuglen anthropomorffig yn cynnig deunydd da ar gyfer dychan ac ymosodiadau ar elynion tra gall yr awdur aros yn hollol ddiniwed ar yr un pryd. Mae'n bosibl i arwyr anifeilaidd fod yn fwy beiddgar na'u cyfatebwyr dynol oherwydd fod y darllenydd yn ymwybodol o hyd o afrealaeth y stori. Mae ffuglen realaidd yn gwahodd y darllenydd i mewn i'r stori ond un o brif nodweddion ôl-foderniaeth yw sicrhau na all y darllenydd anghofio ei fod yn darllen darn o ffuglen, rhywbeth y llwydda ffuglen anthropomorffig i'w wneud yn naturiol oherwydd fod y darllenydd yn gwybod nad yw'n bosibl i anifeiliaid siarad. Byddai'r *genre* wedi bod yn arf defnyddiol yn nwylo llenorion Cymraeg traddodiadol ac ôl-fodernaidd yn eu brwydr i amddiffyn yr iaith ac i ymosod ar y Saeson, ond ychydig o lenorion yn unig a roddodd gynnig ar y math hwn o ffuglen. Tybir mai un o'r prif resymau am hyn yw'r rhagfarn ymhlith traddodiadwyr a llenorion o bwys yn erbyn ffantasi fel testun addas i lenyddiaeth i oedolion. Ers y bedwaredd ganrif ar bymtheg o leiaf gwreiddiwyd llenyddiaeth Gymraeg, ffuglen yn enwedig, mewn realaeth ac nid tan ugain mlynedd olaf yr ugeinfed ganrif y mentrodd criw o awduron dynnu'n groes i'r sefyllfa hon.

Bu llenyddiaeth Saesneg, a hithau'n sicr o'i dyfodol, yn fwy agored i arbrofi gydag arddulliau a syniadau. Ond mae'n bosibl dadlau bod llenorion Cymraeg dan fwy o bwysau i fod yn fwy dyfeisgar na'u cymrodyr Saesneg oherwydd eu bod yn gorfod dod o hyd i ffyrdd newydd o gyfleu'r un neges. Nid yw llenyddiaeth Saesneg yn gwahaniaethu cymaint â llenyddiaeth Gymraeg rhwng ffuglen i blant a ffuglen i oedolion. Er bod *Anturiaethau Alys yng Ngwlad Hud* (1982), *Trwy'r Drych a'r Hyn a Welodd Alys Yno* (1984)[5] a *The Wind in the Willows* wedi'u hysgrifennu ar gyfer plant, nid yw llenorion a beirniaid wedi gwrthod rôl iddynt mewn llenyddiaeth yn gyffredinol oherwydd hyn. Ar y cyfan, mae beirniaid Cymraeg wedi tueddu i anwybyddu ffuglen plant megis ffantasïau E. Tegla Davies. Nid yw hyd yn oed llenorion mor eangfrydig ag R. M. Jones a John Rowlands, er iddynt gydnabod straeon Tegla Davies ar gyfer plant fel 'clasuron' o'u bath, yn eu trafod yn feirniadol. Ni ddenodd ei straeon byrion i oedolion, fel 'Yr Epaddyn Rhyfedd' ac 'Y Llwybr Arian' (*Y Llwybr Arian a Storïau Eraill*), fawr o sylw chwaith, a bu'n well gan feirniaid ganolbwyntio ar ei nofel/pregeth, *Gŵr Pen y Bryn* (1922). Mae'r agwedd 'wrth-ffantasïol' hon wedi dychryn awduron draw oddi wrth ysgrifennu anthropomorffig ond ymhlith yr ychydig sydd wedi mentro i'r maes hwn mae Tegla Davies yn *Hen Ffrindiau* ac 'Yr Epaddyn Rhyfedd', Kate Roberts yn 'Teulu Mari' (*Hyn o Fyd*), Bryan Martin Davies yn *Gardag*, Roger Stephens Jones yn *O Wlad Fach* ac *I Wlad Fawr*, a Mihangel Morgan yn 'Yr Aderyn' a 'Ci Du' (*Cathod a Chŵn*).

Yn yr ysgrif hon y bwriad yw trafod, nid anifeiliaid mewn ffuglen yn gyffredinol, ond anifeiliaid sy'n gallu cyfathrebu drwy gyfrwng dulliau dynol, naill ai trwy lefaru fel yn *O Wlad Fach* ac *I Wlad Fawr*, neu lle mae'r awdur yn honni y gall ddeall sut y mae'r anifeiliaid yn cyfathrebu gyda'i gilydd yn eu ffyrdd eu hunain - er enghraifft, cŵn yn cyfathrebu trwy gyfarth a siglo eu cynffonnau. Ond am anifeiliaid naturiol sy'n gyfarwydd i ni yn y byd hwn y sonnir, nid anifeiliaid gwneuthuriedig fel y llydnod hynod yn *Seren Wen ar Gefndir Gwyn* (1992) gan Robin Llywelyn. Ac nid anifeiliaid sy'n ymddangos mewn llyfrau sy'n arbennig i blant chwaith, megis Wil Cwac Cwac (creadigaeth Jennie Thomas) a Siôn Blewyn Coch (J. O. Williams) yn *Llyfr Mawr y Plant*.[6] Mae gan bob creadur byw yr un anghenion sylfaenol: bwyd, cwsg, rhyw ac ymhlith y mamaliaid uwch, cynhesrwydd a chwmnïaeth. Mae yna ddau beth mawr sy'n gwahaniaethu dyn oddi wrth anifeiliaid, un sy'n naturiol a'r llall o wneuthuriad dyn: y gallu i lefaru yw'r cyntaf a gwisgo dillad yw'r ail. Mae awduron sy'n ysgrifennu straeon anthropomorffig yn defnyddio eu hanifeiliaid mewn dwy ffordd: naill ai maent yn rhoi meddyliau a meddylfryd dynol i'r anifeiliaid, hynny yw, dynion mewn gwisg anifeiliaid ydynt mewn gwirionedd, neu maent yn ceisio gweld y byd fel ag y mae o safbwynt syml anifeiliaid sy'n rhydd o ragrith, llygredd a hunanymwybod dynolryw. Tuedda'r ddau fodd o drin anifeiliaid i arwain at ddau wahanol fath o stori: ar y naill law, alegorïau crefyddol sy'n cynnwys dychan mwyn fel 'Teulu Mari' a *Gardag*; ar y llall, dychan gwleidyddol, miniog fel *Animal Farm* ac *O Wlad Fach*. Lleolir straeon anthropomorffig yn y byd hwn ac yn y presennol, weithiau yn y gorffennol fel *Traveller* (1988) gan Richard Adams, ond nid, fel arfer, yn y dyfodol.

Nid yw awduron sy'n ceisio cadw at naturioldeb, megis Bryan Martin Davies, yn gwneud i'w hanifeiliaid newid eu siâp neu eu maint neu'n eu gorfodi i wneud pethau sy'n annaturiol iddynt fel sefyll ar ddwy goes neu wisgo dillad. Mewn geiriau eraill, maent yn eu cyfyngu eu hunain, cyn belled â phosibl, i reolau'r byd fel y mae. Ond nid oes unrhyw derfynau i fydoedd awduron megis Roger Stephens Jones a Kenneth Grahame ar wahân i'r rheini y maent yn eu gosod eu hunain. Yn *The Wind in the Willows* mae'r anifeiliaid yn newid eu maint yn aml: er enghraifft, yn y bennod 'The Open Road', dywedir: 'They were strolling along the high road easily, the Mole by the horse's head',[7] ac, yn ddiweddarach, mae Toad yn tyfu'n ddigon mawr i farchogaeth ceffyl a chogio ei fod yn olchwraig ddynol. Atgoffir y darllenydd gan olygfeydd fel y rhain o Melog yn y nofel o'r un enw gan Mihangel Morgan a rhywfaint hefyd o'r bachgen/mynydd yn *Tir y Dyneddon* gan Tegla Davies. Hefyd, mae Toad yn teithio trwy fath o ystumdro pan garcherir ef mewn castell canoloesol a sieryd y gwarchodwyr hen Saesneg. Felly ni chyfyngir byd Kenneth Grahame gan ddeddfau natur nac amser. Ond nid yw newid siâp na chwarae o gwmpas gydag amser yn elfennau ffantasi y mae awduron anthropomorffig 'o ddifri' yn eu defnyddio yn aml.

Mae anifeiliaid yn gwisgo dillad yn agwedd sy'n perthyn, gan mwyaf, i fyd ffantasïau i blant er bod moch George Orwell yn sefyll ar ddwy goes ac yn gwisgo dillad, ond wrth gwrs mae hyn yn digwydd er mwyn dangos eu bod wedi troi'n ddynion. Yn *Anturiaethau Alys yng Ngwlad Hud*, mae'r gwningen wen wedi'i gwisgo mewn dillad dynol ac mae'r anifeiliaid yn *The Wind in the Willows* yn gwisgo dillad hefyd. Er bod hyn yn rhan o'r ffantasi, efallai y byddai cymdeithas y bedwaredd ganrif ar bymtheg wedi'i hystyried yn 'anweddus' pe buasai anifeiliaid personoledig yn mynd o gwmpas yn noethlymun. Beth bynnag am hynny, nid yw'r anifeiliaid yn ffuglen Gymraeg yr ugeinfed ganrif yn gwisgo dillad. Ond mae pethau'n wahanol pan edrychwn ar feddiannau: mae gan Ffredi, y broga sy'n brif gymeriad *O Wlad Fach* ac *I Wlad Fawr,* ei 'soffa foethus-frown', ei 'ffôn-hydra' ac mae'n hoff iawn o bethau dynol fel diod gadarn.

Gellir awgrymu bod gan lenyddiaeth o leiaf ddau *raison d'être*: i'r beirniad mae angen neges y tu ôl i'r stori ond i'r darllenydd cyffredin, yr adloniant sydd bwysicaf. Gall llenyddiaeth 'o bwys' a 'rwtsh da' ddefnyddio ffantasi yn eu *repertoire*. Modd o ddianc oddi wrth y byd hwn am dipyn o amser yw 'rwtsh da' a ffynhonnell bodlonrwydd yn yr ystyr y bydd y da yn trechu'r drwg yn y pen draw. Mae hyn yn wir hefyd am lenyddiaeth 'o bwys' ac, yn arbennig, yn achos straeon i blant. Ys dywed A. A. Milne ar glawr ôl argraffiad 1983 o stori Kenneth Grahame:

> The Wind in the Willows has achieved an enduring place in our literature: it succeeds at once in arousing our anxieties and in calming them by giving perfect shape to our desire for peace and escape.[8]

Nid disgrifiad o stori i blant yn unig mo hwn ac mae Peter Green yn ei ragair i'r un argraffiad yn tanlinellu'r ffaith fod y nofel hon yn llyfr i oedolion yn ogystal â phlant.[9] Amlygir hyn yn yr olygfa athronyddol lle mae Badger yn dangos dinas wag dynion i Mole:

> Here, where we are standing, they lived, and walked, and talked, and slept, and carried on their business ... They built to last, for they thought that their city would last forever ... People come - they stay for a while, they flourish, they build - and they go.[10]

Ac yn yr olygfa pan sylweddola Mole fod Duw (neu Natur) wedi'i greu i fod yn un o greaduriaid y caeau a'r gwrychoedd yn hytrach nag un o drigolion y goedwig wyllt[11]- sy'n debyg i 'Teulu Mari' a Hen Ffrindiau – y brif neges yw fod Duw wedi trefnu lle arbennig i bob un ohonom yn y byd hwn ac y dylai pawb fodloni ar aros yn y lle hwnnw a pheidio â cheisio cyrraedd pethau sydd y tu hwnt iddynt.

Cynigia'r bennod o'r enw 'The Piper at the Gates of Dawn' elfen oruwchnaturiol sy'n bresennol hefyd yn 'Teulu Mari', Gardag ac I Wlad Fawr, lle mae'r anifeiliaid yn cael profiad crefyddol sy'n eu galluogi i weld pŵer a mawredd natur. Mae hyn yn debyg i alegorïau'r Oesoedd Canol yn hytrach nag alegorïau gwleidyddol yr ugeinfed ganrif fel Animal Farm y mae'r moch yn profi trawsnewid annuwiol ynddi pan maent yn newid yn ddynion. Nid yw crefydd yn chwarae rhan chwaith yn *O Wlad Fach* sy'n ei gwahaniaethu oddi wrth yr hyn a'i rhagflaenodd. Yn 'The Piper at the Gates of Dawn' cwyd y stori i ddimensiwn arall pan ymddengys y duw mawr Pan o flaen Rat a Mole. Mae ef yn rhan o fyd natur ac mae yna rywfaint o naws y *Pedair Cainc* yn y cyfarfod hwn rhwng dau fyd. Gwna byd goruwchnaturiol Pan i fyd yr anifeiliaid edrych bron yn real yn yr un ffordd ag y rhydd Annwfn Arawn fwy o sylwedd i fyd Pwyll; mae ansylweddoldeb y cyntaf yn pwysleisio sylweddoldeb yr ail. Defnyddia'r awdur ffantasi poblogaidd o America, Katharine Kerr, yr un ddyfais yn ei chyfres *Deverry* a seilir ar chwedloniaeth Geltaidd:[12] yn ei straeon mae'r tylwyth teg yn diflannu o'r byd trwy droi'n fwyfwy ansylweddol. Mae Pan yn enfawr, sy'n atgoffa'r darllenydd o'r dyneddon bychain pan welant y bachgen/mynydd am y tro cyntaf yn *Tir y Dyneddon* gan Tegla Davies. Mae yna hefyd adlais o Ail Gainc y Mabinogi a'r olygfa lle mae Heilyn fab Gwyn yn agor y drws sy'n wynebu Cernyw ac 'yr oedd mor hysbys iddynt [Heilyn Fab Gwyn a'i gymdeithion] gynifer y colledion a gollasant erioed'.[13] Fel hyn y disgrifir Rat a Mole yn syllu ar Pan: 'stared blankly, in dumb misery deepening as they slowly realized all they had seen and all they had lost'.[14] Wedyn mae'r ddau'n clywed cerddoriaeth yr amseroedd sydd eto'n atgoffa'r darllenydd o Adar Rhiannon yn canu. Daw awel ysgafn ag angof i'r anifeiliaid, dyfais y mae Bryan Martin Davies a Roger Stephens Jones yn ei defnyddio hefyd, a cheir awyrgylch debyg i farwolaeth Em, un o'r dyneddon, ar ôl iddo ddarganfod y rhosynnau cudd. Newidia'r awyrgylch yn *The Wind in the Willows* yn y golygfeydd sy'n ymwneud â Toad: mae'r golygfeydd hynny'n llawn hiwmor ac mae Toad ei hun yn ddireidus a doniol, yn debyg iawn i Ffredi yn *O Wlad Fawr*. Felly mae'n bosibl gweld cysylltiad rhwng yr hen chwedloniaeth Geltaidd a ffuglen ffantasi fodern yn y Gymraeg a'r Saesneg.

Er gwaetha'i theitl llawn, *Animal Farm, A Fairy Story*, nid oes fawr o debygrwydd rhwng y stori ddychanol wleidyddol hon a hanes mwyn *The Wind in the Willows*. Mae *Animal Farm* mor amlwg wleidyddol â *Nineteen Eighty Four*. Ond os oedd syniadau Orwell ynglŷn â'r wladwriaeth dotalitaraidd yn rhy gymhleth i'r darllenydd cyffredin, galluogodd defnyddio stori anthropomorffig ef i gyrraedd cynulleidfa eang. Mae *Animal Farm* yn enghraifft eglur o bobl wedi'u gwisgo fel anifeiliaid a dengys y problemau amlwg rhwng egwyddorion anhunanol comiwnyddiaeth a natur hunanol dyn. Ni fyddai neb yn ystyried *Animal Farm* yn stori i blant ond pe byddai awdur Cymraeg wedi ysgrifennu nofel o'r fath, mae'n gwestiwn a fyddai cynulleidfa Gymraeg yn y 1940au wedi'i derbyn. Dangosodd *The Wind in the Willows* ac *Animal Farm* y manteision o ysgrifennu straeon anthropomorffig i awduron modern ac mae'n amlwg o'r *Mabinogi* a chwedlau eraill fod gan lenyddiaeth Gymraeg hanes o ddefnyddio ffantasi. Cynhwysa'r *Pedair Cainc* a chywyddau Dafydd ap Gwilym syniadau anthropomorffig: yn y Gainc Gyntaf mae yna gysylltiad rhwng Rhiannon a cheffylau, a rhwng Pryderi ac ebol Teyrnon ac, yn yr Ail Gainc, dysga Branwen iaith i'r ddrudwen a sut i adnabod Bendigeidfran. Ac yn sawl un o'i gywyddau megis 'Y Ceiliog Bronfraith', 'Yr Wylan' ac 'Y Dylluan', mae Dafydd ap Gwilym yn personoli adar. Defnyddiodd llenorion diweddarach arddull anthropomorffig, megis Morgan Llwyd yn *Llyfr y Tri Aderyn* (1653) a Williams Pantycelyn yn *Crocodil Afon yr Aifft* (1767). Roedd yr arddull hon yn boblogaidd mewn oes pan allai fod yn beryglus galw rhywbeth neu rywun yn ôl ei enw cywir. Yn yr hen chwedlau a cherddi nid oedd y personoli ond rhannol, hynny yw, ni throes yr anifeiliaid neu'r adar yn bobl yn gyfangwbl, ac yng ngweithiau Morgan Llwyd a Phantycelyn nid oes unrhyw ffugio eu bod yn anifeiliaid gwirioneddol. Ni chynhwysant ddisgrifiad o gynefinoedd neu ffyrdd anifeiliaidd o fyw sy'n digwydd mewn straeon anthropomorffig modern megis *Gardag* a, hyd yn oed, *O Wlad Fach* ac *I Wlad Fawr*.

Hen Ffrindiau (1927) gan E. Tegla Davies

Gyda chymaint o enghreifftiau hen a modern mae'n anodd esbonio pam yr anwybyddwyd y *genre* anthropomorffig bron yn gyfangwbl gan lenorion Cymraeg yr ugeinfed ganrif. Tegla

Davies oedd un o'r cyntaf i geisio newid y sefyllfa hon yn ei addasiad o hen benillion a dywediadau, *Hen Ffrindiau*, ac yn y stori fer 'Yr Epaddyn Rhyfedd'. Er mai ar gyfer pobl ifanc yn bennaf y bwriedir *Hen Ffrindiau*, mae'n pontio'r ffin rhwng llenyddiaeth i blant a llenyddiaeth i oedolion yn yr un ffordd â *The Wind in the Willows* yn Saesneg. Mae'n amlwg fod *Hen Ffrindiau* yn chwyldroadol pan ymddangosodd y gyfrol ym 1927 ac mae'n bwysig cofio'i bod, yn wahanol i straeon Tegla Davies ynglŷn â bechgyn, sef *Hunangofiant Tomi* (1912), *Nedw* (1922) ac *Y Doctor Bach* (1930), yn ymdrech aeddfetach i ddehongli a phoblogeiddio diwylliant gwerin Cymru yr unfed ganrif ar bymtheg (ac yn gynharach) pan oedd yr uchelwyr Cymreig yn Seisnigo fwyfwy gan adael parhad yr iaith Gymraeg a diwylliant y Cymry yn nwylo'r werin. Ni sylweddolid pwysigrwydd y penillion hyn, gyda'u cymysgedd o ddiarhebion, dywediadau a'u sylwadau ar ddigwyddiadau a chymeriadau lleol, tan y ddeunawfed ganrif pan ddechreuodd hynafiaethwyr eu casglu ar gyfer y dyfodol. Mae'r hen benillion yn hawdd eu cofio ac maent yn rhoi syniad da am feddylfryd eu hoes. Defnyddiodd y Ficer Prichard, Llanymddyfri'r un patrwm odli syml er mwyn lledaenu ei neges Gristnogol yn hanner cyntaf yr ail ganrif ar bymtheg a gwnaeth Tegla Davies rywbeth tebyg yn hanner cyntaf yr ugeinfed ganrif. Wrth ailddyfeisio'r hen benillion roedd yn ceisio ennyn diddordeb cenhedlaeth newydd o Gymry ifainc ynddynt.

Yn y bennod gyntaf mae'r Coblar Coch yn mynd i geisio boddi ei gath. Yn y rhigwm gwreiddiol nid oes gan y gath nac enw na phersonoliaeth ond rhydd Tegla Davies bersonoliaeth iddi ac enw sy'n amlygu'r bersonoliaeth hon. Dengys hyn hefyd bwysigrwydd enwau wrth greu cymeriadau 'real' a stereoteipiau. Mae Tegla Davies yn galw'r gath yn Miwriel 'ond Miawriel y galwai hi ei hun'.[15] Felly, llwydda Tegla Davies, mewn un frawddeg fer, i greu cymeriad sydd bron yn ddynol: mae hi'n hunanymwybodol ac yn ddigon clyfar i roi enw onomatopëig iddi hi ei hun. Ond, ar y dechrau, nid yw Miwriel yn siarad, mae hi'n mewian fel unrhyw gath arall, ond mae'r Coblar yn dehongli'r mewian hwn fel galw am 'giniaw'. Y peth nesaf y mae hi'n ei wneud yw chwerthin, sy'n nodwedd yr un mor ddynol â llefaru, ac yn anaml iawn y mae awduron anthropomorffig yn caniatáu i'w hanifeiliaid chwerthin. Fel arfer, er eu bod yn rhoi'r gallu iddynt lefaru, maent yn ceisio eu cadw'n anifeilaidd cyn belled â phosibl. Mae Tegla Davies yn wahanol: cais roi ystyr dynol i synau'r anifeiliaid, ac oherwydd ei fod yn awdur llawen mae'n dehongli'r synau hyn fel chwerthin, megis 'Yr Ebol Melyn' a '[w]eryrodd dros y lle. Chwerthin ceffyl yw gweryru.'[16] Fe wyddom, wrth reswm, na all anifeiliaid chwerthin ond awgryma Edward Tegla Davies mai dyna sut y maent yn mynegi eu hapusrwydd. Felly mae'n eu personoli ond yn eu cadw'n anifeiliaid ar yr un pryd: gallant lefaru ond parhânt i wneud eu synau anifeilaidd naturiol. Mae hyn yn amlygu pwysigrwydd chwerthin hefyd: mewn llawer o straeon, ac nid straeon anthropomorffig yn unig, mae chwerthin yn chwarae rhan fawr ym muddugoliaeth y da dros y drwg.

Wrth inni ddod i adnabod anifeiliaid Tegla Davies maent yn troi'n fwy cymhleth ac felly'n fwy dynol. Mae Diawchleision, 'y Ceiliog sy'n Dodwy Dau', yn ysgolhaig ac yn fardd, sy'n honni mai patrwm ac odl yw agweddau pwysicaf ein bodolaeth: 'Wrth odl y mae popeth mawr yn y byd yma'n byw'.[17] Hon yw neges Tegla Davies trwy'r straeon i gyd, yr un neges ag sydd yn *The Wind in the Willows*: mae Duw wedi pennu lle i bob un ohonom ac ni ddylem gwestiynu ei gynlluniau. Cymeriadau dynol *Hen Ffrindiau* sy'n ceisio newid eu penillion ond nid yw'r un o'r anifeiliaid yn dymuno dianc rhag ei ran benodedig. Mae gan yr anifeiliaid gysylltiad dwfn a chynhenid gyda natur ond nid yw dynion byth yn fodlon eu byd. Felly mae ufudd-dod yr anifeiliaid yn tanlinellu anwadalwch a chyndynrwydd dynion.

Fel arfer mae anifeiliaid mewn nofelau anthropomorffig yn datblygu: dônt yn fwyfwy 'real' i'r gynulleidfa, yr un fath â chymeriadau dynol mewn llyfrau realaidd, ond nid yw hyn yn digwydd yn *Hen Ffrindiau* oherwydd nad nofel yw hi ond cyfres o frasluniau wedi'u cysylltu â'i gilydd gan yr un neges. Mae Ffredi yn *O Wlad Fach* ac *I Wlad Fawr* a'r llwynogod yn *Gardag* yn tyfu'n gymeriadau 'go iawn' i'r darllenydd erbyn diwedd y nofelau ond, ar ôl y penodau agoriadol, mae Tegla Davies yn canolbwyntio ar y cymeriadau dynol ac yn rhoi llai o bwyslais ar yr anifeiliaid ac ar eu personoli. Felly, er bod y llo yn gorfod chwarae'r banjo a'r fuwch yn brefu (sy'n swnio fel dyn yn canu),[18] nid ydynt yn llefaru. Ailymddengys Miwriel hefyd ond mae hi wedi colli'i phersona dynol ac yn gath drachefn.[19] Ond er hynny mae'n parhau i bersonoli rhai anifeiliaid fel Ci Jac Snel sy'n llefaru ac yn rhesymu'n well na'r cymeriadau dynol.[20] Mae gan y ci hwn nodwedd ddynol arall, sef dychymyg ac mae hyn yn ei arwain i weld rhithiau. Er nad yw Tegla Davies yn personoli ei anifeiliaid yn gyfangwbl, rhagredegydd oedd *Hen Ffrindiau*, er na cheisiodd neb ei ddilyn am gryn dipyn o amser.

'Yr Epaddyn Rhyfedd', Y Llwybr Arian a Storïau Eraill (1934) gan E. Tegla Davies

Yn *Y Llwybr Arian a Storïau Eraill* mae Tegla Davies yn mabwysiadu cynllun ar gyfer oedolion sy'n debyg i'r un ar gyfer pobl ifanc yn *Hen Ffrindiau*, sef defnyddio cyfres o straeon byrion er mwyn trosglwyddo'r un neges. Yn yr ail gyfrol, ufudd-dod i Dduw a derbyn ei gynllun ar gyfer y byd yw'r neges; yn y gyfrol gyntaf, harddwch a hudoliaeth natur yw'r neges. Mae hyn yn amlwg, yn arbennig yn stori gyntaf y gyfrol, 'Y Llwybr Arian', yn 'Meri-Ann' ac yn 'Yr Epaddyn Rhyfedd'. Er na all yr epaddynion lefaru â geiriau, mae eu henw'n awgrymu rhyw gyfuniad rhwng dyn ac anifail, hynny yw, anifeiliaid sy'n gallu cyfathrebu mewn modd mwy dynol nag anifeiliaid real. Math o ffantasi hanesyddol yw'r stori hon ac mae Tegla Davies yn defnyddio'i ddychymyg ynddi i ddilyn damcaniaeth Darwin yn ôl at amser pell y Ddolen Goll. Felly mae'n un o'r enghreifftiau amlycaf o'r ffuglen newydd y mae Peter Green yn sôn amdani yn ei ragair i *The Wind in the Willows*. Ar y llaw arall, mae'n draddodiadol iawn oherwydd mai bwriad Tegla Davies yw cysylltu Cristnogaeth â Darwiniaeth.

Mae'r epaddyn rhyfedd yn gallu datrys problemau na all yr epaddynion eraill eu datrys; o'r herwydd fe'i hedmygir ganddynt tra edrychir arno ar yr un pryd gyda chymysgedd o ofn a drwgdybiaeth. Adlewyrcha hyn feddylfryd llawer o awduron modern sef nad yw cymdeithas yn fodlon derbyn pobl sy'n wahanol i'r 'norm'. Gellir gweld yr un neges yn 'Teulu Mari' hefyd. Ar y dechrau, mae gweithgareddau'r epaddyn rhyfedd yn hunanol, megis y moch yn *Animal Farm*: mae'n pentyrru'r cerrig ac yn plethu'r dail er mwyn ei amddiffyn ei hun rhag y glaw.[21] Ond yn fuan, mae'n troi'n llai hunanol pan yw'n helpu'r epaddyn arall sy'n llithro tra'n ceisio dianc oddi wrth yr anifail mawr.[22] Bryd hynny mae'r epaddynion yn gweld yr epaddyn rhyfedd fel gwaredwr, rhyw gymysgedd o Iesu a Noa, ac maent yn ei ddilyn i ddiogelwch. Ond mae'n ailddeffro eu drwgdybion pan drewir ef gan ryfeddod a harddwch natur a'r machlud tra maent yn ei wylio 'yn swrth a thrymllyd, fel yr edrychent ar y glaw pan ddisgynnai yntau'.[23]

Fan hyn dengys Tegla Davies mai llefaru ac iaith yw'r pethau mawr a wahanodd ddyn oddi wrth yr anifeiliaid pan yngana'r epaddyn rhyfedd ei 'O' o ryfeddod, sydd i fod i gynrychioli'r gair cyntaf ac iddo ystyr rhesymegol a lefarwyd erioed. Felly mae'r epaddyn rhyfedd wedi codi i lefel newydd: fel yn nrama Gwenlyn Parry, *Y Tŵr* (1978), y mae'r cwpl yn gorfod dringo'r grisiau ynddi, yn stori Tegla Davies mae esblygiad yn gorfod mynd yn ei flaen. Ond brawychir yr epaddynion eraill gymaint gan gri eu cydymaith fel eu bod yn ei ladd ac yn gadael ei gorff i gael ei fwyta gan yr anifail mawr. Felly mae'n bosibl dadlau, fel yr awgryma Pennar Davies, mai Iesu yw'r epaddyn rhyfedd, wedi'i fradychu a'i ladd gan ei bobl ei hun, ond trwy'i aberth, fe gaent hwy waredigaeth.[24] Ond mae'r stori'n diweddu gyda'r geiriau 'felly y bu farw y dyn cyntaf, ac nid ymddangosodd ail ddyn am fyrddiwn o flynyddoedd'[25] sy'n awgrymu ei fod yn fwy cyntefig o lawer na hanes Iesu Grist. Un nodwedd ddiddorol yw'r ffaith, er nad oedd epaddyn wedi gwneud sŵn tebyg o'r blaen, ei fod yn ennyn 'sgrech o adnabyddiaeth o gyfeiriad yr anifail mawr'.[26] Felly mae yna gysylltiad rhwng yr epaddyn rhyfedd a'r anifail mawr: mae'n bosibl eu bod yn cynrychioli'r frwydr oesol rhwng y da a'r drwg, gyda Satan, yr angel syrthiedig, sy'n adnabod yn syth ei archelyn, daioni, a gynrychiolir gan yr epaddyn rhyfedd. Ond nid yr anifail mawr sy'n lladd yr epaddyn ond ei hil ei hun, ac nid yw Tegla Davies yn cyfeirio ato fel 'drwg' ond yn hytrach fel '[m]awr'. Awgryma hyn nad yw drwg a da yn bodoli ym myd natur fel ag y maent ym myd dynion; ym myd natur mae anifeiliaid yn ymddwyn wrth reddf. Efallai fod y stori hon yn ceisio dangos fel y cychwynnodd hunanymwybod dyn a'i gwymp dilynol oddi wrth ras pan ddaeth yn ymwybodol o natur am y tro cyntaf.

Aeth Tegla Davies yn ôl filiynau o flynyddoedd am ei ysbrydoliaeth ar gyfer 'Yr Epaddyn Rhyfedd' ac yn ei stori fer yntau, 'Tabendra' (1985), aeth Pennar Davies ymlaen filiynau o flynyddoedd i'r dyfodol i amser ar ôl i ddyn ddinistrio dynolryw mewn holocost niwclear.[27] Ond yn y stori hon mae rhyw fath o bryfed neu anifeiliaid bychain wedi goroesi a'u heiddio hwy yw'r blaned bellach. Ergyd y ddwy stori yw bod yr anifeiliaid yma cyn dyfodiad dyn ac y byddant yma ar ôl iddo fynd. Mae anifeiliaid yn perthyn i natur, fel petai, tra mae dyn wedi dod fel math o ymyrrwr estron gyda'i wyddoniaeth, ei dechnoleg a'i falchder er mwyn herio natur, ond mae ei her yn rhwym o fethu yn y diwedd. Efallai, felly, fod y defnydd o anifeiliaid mewn llenyddiaeth yn cynnwys syniad sy'n fwy cyntefig nag oedd yr awduron yn ymwybodol ohono, sef bod anifeiliaid wedi'u clymu wrth natur mewn ffordd sy'n wahanol i ddyn, sydd wedi ymddieithrio oddi wrth natur gan geisio ei rheoli a'i newid yn hytrach na derbyn ei ran benodedig mewn bywyd. Mae straeon anthropomorffig yn cymharu byrhoedledd dyn a'i greadigaethau â hirhoedledd anifeiliaid a'u hundod â natur. Mae'r anifeiliaid yn goroesi, hyd yn oed, yn *Animal Farm*, a newid meistri yw'r unig wahaniaeth yn eu bywydau. Yn ei gyfrol o gerddi, wedi'u hysbrydoli gan luniau Ted Breeze Jones, *Anifeiliaid y Maes Hefyd* (1993), mae Gwyn Thomas hefyd yn portreadu'r cytgord rhwng anifeiliaid a natur ac yn ei gymharu â'r dinistr y mae dyn yn ei adael ar ei ôl ble bynnag y mae'n mynd.

'Teulu Mari', Hyn o Fyd (1964) gan Kate Roberts

Arwydda 'Teulu Mari', stori gyntaf y gyfrol *Hyn o Fyd*, newid o gymharu ag arddull realaidd arferol Kate Roberts a dyma ei hunig stori anthropomorffig. Dynes o'r enw Mari Wiliam yw'r prif gymeriad ac efallai fod y stori'n dipyn o deyrnged i Mary Williams, hen gymeriad a storïwraig dda a gafodd ddylanwad ar yr awdures pan oedd hi'n blentyn; mae gan y Mary Williams honno bennod iddi ei hun yn hunangofiant Kate Roberts, *Y Lôn Wen* (1960). Disgrifia Derec Llwyd Morgan 'Teulu Mari' fel:

> a sort of animal farm, different from Orwell's in that
> the animals talk with Mari their mistress and don't
> live in a world of their own. Whereas Orwell's work
> is allegorical, Kate Roberts's story is not.[28]

Felly, ffantasi yw 'Teulu Mari' yn hytrach nag alegori. Cynhwysa ffantasi a'r ffantastig y syniad o bethau amhosibl yn digwydd yn y bydysawd fel ag y mae ond mae alegorïau'n cael eu lleoli mewn rhyw realiti newidiedig. Yn *Animal Farm* y byd ei hun sy'n newid i wneud pethau amhosibl - fel anifeiliaid yn siarad ac yn rhedeg eu fferm eu hunain - yn bosibl. Mae'r byd hwnnw'n troi o gwmpas yr anifeiliaid, ond yn 'Teulu Mari' rydym yn dal yn y byd hwn sy'n cael ei redeg a'i reoli gan ddyn. Nid pobl sy'n gwisgo masgiau anifeilaidd mo anifeiliaid Kate Roberts ond anifeiliaid gwirioneddol ac mae'r stori'n ceisio cyfleu'r byd o'u safbwynt diniwed. Yr unig wahaniaeth yw eu bod yn gallu llefaru, ond nid yw hyn yn sicr chwaith: mae'n bosibl bod Mari, yn ei hunigrwydd - neu efallai ei gwallgofrwydd - yn dychmygu ei sgyrsiau gyda'i hanifeiliaid. Fel arfer mewn straeon anthropomorffig disgwylir i'r darllenydd gredu yng ngallu'r anifeiliaid i lefaru, ond mae rhyw deimlad 'gwahanol' i'r stori hon. Mae'n bosibl bod hyn oherwydd nad arferai Kate Roberts ysgrifennu straeon o'r fath neu oherwydd y modd y teimlai pan oedd hi'n ei hysgrifennu a hithau ar y pryd yn byw ar ei phen ei hun yn Ninbych, yn unig ac yn heneiddio. Roedd ei theulu a chymdeithas ei phlentyndod wedi hen ddiflannu a gallai weld marwolaeth yr iaith Gymraeg a dirywiad mewn gwerthoedd a chrefydd ym mhob man. Datgela rhai o sylwadau Mari ei chenfigen wrth agwedd ddiniwed ac anhunanymwybodol yr anifeiliaid: dywed wrth Bob y ci, 'Na, 'dwyt ti ddim yn gwybod dy fod ti'n mynd yn hen'[29] a 'Peth cas ydy gweld dim byd yn dŵad i ben'.[30]

Mae teimlad crefyddol cryf yn 'Teulu Mari', yn rhannol oherwydd yr enw Mari a'r ffaith ei bod hi a'r anifeiliaid i gyd yn cael pryd o fwyd yn stabl Nedw'r mul. Fe addolir Mari gan ei 'theulu' ac mae llinell olaf y stori sef, 'O'r diwedd yr oedd Cwlin wedi cyfiawnhau'i fodolaeth ar y ddaear',[31] yn cadarnhau'r syniad o ddameg Gristnogol. Er bod Derec Llwyd Morgan yn gwadu bod y stori'n alegori mae'r cymeriadau i gyd yn cynrychioli gwahanol fathau o bobl y gellir eu gweld yn y byd hwn, felly mae teulu Mari yn feicrocosm Cristnogol o'n byd. Dyna Mari ei hun, y dduwies sy'n rheoli popeth, a Bob y ci ffyddlon sy'n cynrychioli'r rhai sy'n ufuddhau i'w duw'n ddigwestiwn. Mae Nedw'r mul yn gwrthod tynnu'r cart ond wedyn mae'n edifarhau ac yn newid ei feddwl: cynrychiola ef y rheini sy'n cefnu ar dduw am gyfnod ond sy'n troi'n ôl ac yn gofyn am faddeuant. Un o'r rhai lwcus sy'n gallu byw eu bywydau heb boeni am ddim byd yw Ledi Miew, y gath. Mae Bwda'n gymeriad sydd eisiau dianc rhag ei ran benodedig mewn bywyd ac yn hynny o beth yn debyg i gymeriadau *Hen Ffrindiau*; yn wahanol i gymeriadau Tegla Davies, llwydda Bwda i ennill ei ryddid. Ond mae'n dod yn ôl yn y diwedd, yn mynnu ei fod wedi mynd i'r lleuad ond yn dweud hefyd, ''Does unman yn debyg i gartref'.[32] Felly math o fab afradlon yw Bwda. Ac, yn olaf, dyna Cwlin y mochyn a gynrychiola'r bobl bach, y rhai sydd ar waelod yr ysgol gymdeithasol sy'n chwilio am ryw bwrpas i'w bywydau.

Bwda'r 'bydgerigar' yw'r mwyaf clyfar ac, yn ddadleuol, y mwyaf symbolaidd o'r anifeiliaid, sydd efallai'n adlewyrchu'r rhan bwysig y mae adar wedi ei chwarae mewn chwedlau, barddoniaeth a llenyddiaeth Gymraeg. Dewisodd Dafydd ap Gwilym adar yn aml yn llateion oherwydd fod eu gallu i hedfan yn rhoi iddynt yr un rhyddid ag oedd gan elfennau megis dŵr a'r gwynt.   A dyna Blodeuwedd yn y Bedwaredd Gainc, cymeriad sy'n sylfaen ar gyfer cymaint o lenyddiaeth Gymraeg yr ugeinfed ganrif.   Yr un fath â Blodeuwedd Saunders Lewis, carcharor mewn cawell wedi ei wneud gan ddynion yw Bwda. Yn y stori hon hefyd gallwn weld eto'r frwydr rhwng natur/duw a gwyddoniaeth a thechnoleg yng nghymeriad Yr Athro Jones-Jones, sy'n annog ac yn helpu Bwda i ddianc.   Fe'i disgrifir gan Mari fel 'Yr Athro Dwbwl-Jones',[33] sy'n gwneud iddo swnio'n ddauwynebog ac yn ddiymddiried o'r dechrau.   Er ei fod yn ecsentrig, Athro yw, felly mae'n cynrychioli byd dysg a thechnoleg fodern tra mae'r anifeiliaid diniwed yn cynrychioli byd natur.   Tra erys Mari a'i theulu yn eu cartref maent yn ddiogel ond cyn gynted ag y mentrant allan i'r byd mawr maent yn wynebu perygl, temtasiwn a rhagfarn ac mae pobl yn ymosod arnynt oherwydd nad ydynt yn cyd-fynd â'u syniad o'r 'norm'.

Gardag (1988) gan Bryan Martin Davies

Er bod Tegla Davies a Kate Roberts yn trin eu hanifeiliaid mewn gwahanol ffyrdd yn eu storïau byrion, mae negeseuon Cristnogol *Hen Ffrindiau*, 'Yr Epaddyn Rhyfedd' a 'Teulu Mari' yn debyg iawn i'w gilydd.   Ond *Gardag* oedd y *nofel* anthropomorffig gyntaf i ymddangos yn y Gymraeg a chafodd Bryan Martin Davies ei ysbrydoli yn y lle cyntaf, nid gan lenyddiaeth Gymraeg, ond gan ffuglen Saesneg *The Wind in the Willows* a nofelau Richard Adams a William Horwood. Teitl llawn y nofel yw *Gardag: Nofel Ffantasi (i blant o bob oed)*, sy'n awgrymu bod yr awdur yn ymwybodol o farn llenorion fod ffantasi'n *genre* addas i blant yn unig, ond ei fwriad oedd profi bod hyn yn anghywir.   Gobeithiai gyflwyno ffuglen a barddoniaeth anthropomorffig i gynulleidfa aeddfed ac edrydd ei gerdd hir 'Ymson Trisco', yn y gyfrol *Pan Oedd y Nos yn Wenfflam* (1988), hanes ceffyl pwll o safbwynt y ceffyl ei hun. Efallai oherwydd ei fod yn ymwybodol ei fod yn ceisio torri tir newydd yn y Gymraeg, mae'r nofel yn cynnwys rhagair eithaf hir sy'n esbonio ei gymhellion.   Bwriadodd geisio cyfleu seicoleg llwynogod mewn arddull debyg i *Watership Down* (1972), *The Plague Dogs*

(1977) a *Duncton Wood* (1980), ond gobeithiai osgoi troi'r anifeiliaid yn ddynion fel ag y mae Adams a Horwood yn ei wneud, yn ei farn ef. Ond, yn y pen draw, nid yw hyn yn bosibl, fel y cyfeddyf Bryan Martin Davies ei hun. Yn un peth, nid ydym yn deall prosesau seicolegol anifeiliaid ac, yn ail, trin geiriau yw prif fusnes llenor ac nid yw anifeiliaid yn defnyddio geiriau. Felly gwrthddywediad yw i *lenor* dynol honni ei fod yn ceisio ysgrifennu *nofel* o safbwynt seicolegol *anifail*. Mae awduron yn defnyddio anifeiliaid naill ai i gynrychioli dynion neu er mwyn mynegi syniadau mewn modd hawdd eu deall. Mae anifeiliaid yn caniatáu iddynt ddangos y byd fel ag y mae ond o safbwynt diniwed a syml, yn rhydd o natur soffistigedig a chymhleth dyn. Mae llenorion eraill wedi gwneud yr un peth drwy gyflwyno rhyw ddieithryn i gymdeithas, ond mae hyn fel arfer yn cynnwys elfen arall o ffantasi megis teithio trwy amser neu drwy'r gofod fel yn *Wythnos yng Nghymru Fydd* (1957) ac *Y Blaned Dirion* (1967) gan Islwyn Ffowc Elis, *The Time Machine* (1895) H. G. Wells a *Brave New World* (1932) Aldous Huxley. Ond gydag anifeiliaid mae'n bosibl archwilio cymdeithas gyfoes heb yr angen i ddisgrifio unrhyw newidiadau technolegol neu gymdeithasol.

Egyr *Gardag* gyda 'map' o fyd y llwynogod yn y stori sy'n debyg i *The Plague Dogs* a llawer o weithiau Saesneg eraill ar gyfer oedolion. Ond oherwydd fod y *genre* mor newydd yn y Gymraeg, mae'r 'map' hwn yn tueddu i osod y nofel ym myd llenyddiaeth plant, yr union beth yr oedd Bryan Martin Davies am ei osgoi. Mae'r lluniau hefyd o fewn y gyfrol yn gwrthweithio bwriad yr awdur ac mae'n anodd peidio â'u cymharu â'r lluniau o Siôn Blewyn Coch yn *Llyfr Mawr y Plant*. Er enghraifft, ceir disgrifiad da o wylltineb a ffyrnigrwydd hela a lladd yr oen sy'n rhoi darlun eglur o fywyd a natur y llwynogod: 'Wedi rhwygo'r stumog ar agor, fe lusgasom y coluddion poeth allan ar y grug a'r cerrig, gan lyfu a sugno'n awchus.'[34] Ond yn y llun uwchben y disgrifiad hwn, ymddengys fod yr oen yn cysgu gyda gwên fach ar ei wyneb tra mae'r llwynogod yn ei wylio'n fwyn os nad amddiffynnol. Mae'n debyg mai'r disgrifiad hwn – y geiriau, rhagor y llun - a oedd gan

137

Robin Williams mewn golwg pan ysgrifennodd yn ei adolygiad ar y nofel, 'yng nghwmni Gardag, medrwn brofi iasau newyn ym mherfedd y cadnoid, a dal ar raib amrwd teulu yn y llarpio ar gyfer ymgynnal'.[35] Yn anffodus, ychydig o ddigwyddiadau sy'n gweithio cystal yn y nofel i bortreadu bywyd gwirioneddol llwynogod.

Ymddengys ei fod yn syniad da i ddefnyddio gwahanol liw yn deitl ar bob pennod - yr un ddyfais ag a ddefnyddiodd Bryan Martin Davies ar gyfer dilyniant o gerddi yn *Darluniau ar Gynfas a Cherddi Eraill* (1970)[36] - oherwydd fod lliwiau'n ennyn ymateb emosiynol yn y darllenydd; hynny yw, mae coch yn gwneud i ni feddwl am wres neu ddicter tra mae glas yn awgrymu oerni. Felly maent yn cyfleu teimladau cyntefig a dieiriau llwynogod, er gwaethaf eironi'r ddamcaniaeth fod cŵn yn gweld pethau yn ddu a gwyn yn unig. Ond o'r paragraff cyntaf mae'r anifeiliaid yn troi'n ddynion a, chyn pen dim, yn Gymry Cymraeg. Un o'r prif resymau am hyn yw dewis Bryan Martin Davies o'r adroddwr person cyntaf. Adlewyrcha meddwl Gardag natur farddonol yr awdur yn hytrach na natur wyllt yr heliwr ffyrnig a didrugaredd: 'Fioled yw'r golau sy'n llifo yn fy llygaid, y sawr sy'n ffrydio yn fy ffroenau, y blas sy'n flys ar fy nhafod, y cryndod sy'n gân yn fy nghyhyrau, a'r murmur parhaus sy'n sibrwd yn fy nghlustiau.'[37] Mor fuan â'r ail dudalen mae'r llwynogod yn llefaru fel dynion ac mae mam Gardag yn adrodd 'hanes y byd' sy'n dangos eu bod yn ymwybodol o amser, y gorffennol a'u marwoldeb eu hunain. Mae'r ffordd y mae mam Gardag yn dweud hanes y duw Gwyllawg wrth ei mab yn atgoffa'r darllenydd o'r ddefod ddynol o drosglwyddo chwedlau ar lafar o'r naill genhedlaeth i'r llall. Hefyd mae gan bob llwynog ei enw ei hun, pa mor fach bynnag yw ei ran yn y stori, sy'n pwysleisio rhywbeth dynol a Chymreig iawn, sef pwysigrwydd enwau a pherthnasau. Yn *The Wind in the Willows* a *The Plague Dogs* nid yw'r anifeiliaid yn crybwyll pethau a ddigwyddodd cyn eu hamser eu hunain; maent yn byw ac yn profi eu hanturiaethau yn y presennol ac nid yw enwau mor bwysig iddynt chwaith: Ratty yw Rat, Mole yw Mole. Mae Gardag yn adrodd ei stori a'i atgofion ei hun wrth y darllenydd, sy'n beth dynol iawn i'w wneud. A chan ddefnyddio adroddwr trydydd person, nad yw'n anifail nac yn rhan o'r stori, gall yr awdur ddweud wrth y darllenydd yn union yr hyn sy'n digwydd heb i'r anifeiliaid golli eu diniweidrwydd. Gellir gweld mantais yr adroddwr trydydd person yn yr olygfa yn *The Wind in the Willows* lle mae Rat a Mole yn cwrdd â'r duw mawr Pan. Mae ateb y ddau anifail yn syml: maent yn llawn arswyd, yn syrthio i gysgu ac yn anghofio popeth, ond gall yr adroddwr ddisgrifio'r hyn sy'n digwydd wrth y darllenydd mewn termau soffistigedig.

O'r cychwyn cyntaf mae Gardag yn gymeriad mwy cymhleth o lawer na Mole a Ratty, Ned yn 'Teulu Mari', Ffredi yn *O Wlad Fach* ac *I Wlad Fawr*, a hyd yn oed y moch yn *Animal Farm*. Fe'u gyrrir hwy gan reddfau ac ysgogiadau sy'n eithaf sylfaenol megis awch am gartref, teulu, cyfoeth, pethau sy'n faterol a hunanol; o gymharu, mae Gardag wedi codi i lefel uwch o allu artistig ac mae ei gred mewn duwiau a duwiesau'n llawer mwy soffistigedig na'r anifeiliaid mewn straeon eraill. Mae gan y llwyth hefyd syniadau Cristnogol ynglŷn â chladdu eu meirw ac maent yn cynnal seremonïau sy'n tyfu'n fwyfwy crefyddol. Enghraifft arall o ba mor ddynol ydynt yw eu sylwadau aeddfed, y wireb hon gan Rostig, er enghraifft: 'Diogelwch yw tad pob llwyddiant',[38] a'r sylw hwn gan Teyrnig yn yr un cyfarfod: 'Nid dyma'r amser i drafod polisi llywodraeth llwyth. Fe ddaethon ni yma i gynllunio cyrch.'[39] Felly er i Bryan Martin Davies honni ei fod yn ceisio ysgrifennu stori o safbwynt llwynogod, mae'n eglur mai alegori o hanes y Cymry ar hyd y canrifoedd yw ei nofel yn y bôn.

Mae dylanwad *Pedair Cainc y Mabinogi* yn amlwg, fel ag y mae mewn llawer o lenyddiaeth Gymraeg, yn yr olygfa lle mae pedwar llwynog Craig y Bedol yn ymosod ar yr oen a laddwyd gan lwynogod Craig yr Aberth. Sarhad eithaf yw hyn sy'n debyg i Bwyll yn y Gainc Gyntaf yn sarhau Arawn gan yrru helgwn hwnnw i ffwrdd er mwyn bwydo ei helgwn ei hun ar y carw yr oedd y lleill wedi ei ladd. Hefyd pan yw Gardag yn lladd Tareg fab Grithog, mae'n rhoi'r bai ar gŵn y ffermwr, sy'n atgoffa'r darllenydd o forynion Rhiannon yn rhoi'r bai ar eu meistres am farwolaeth ei mab.

139

Yn ogystal â byd mytholegol *y Mabinogi* mae byd y llwynogod yn ymdebygu i Gymru yn ystod Oes y Tywysogion pan rennir ef rhwng Teyrnig a Carleg. Ond mae Gardag yn gwybod nad yw'r rhaniad hwn yn mynd i barhau ac mai ei ran ef fydd adfer undod. Cynrychiola Mynydd y Crugau Gymru i gyd: Craig yr Aberth, oherwydd ei fanteision hanesyddol a thraddodiadol, yw Gwynedd; Pen-y-Gors yw Deheubarth a Chraig y Bedol yw Powys. Rhyw fath o Lywelyn Fawr yw Teyrnig a Gardag yn Llywelyn II. Gallai'r rhan o'r nofel lle mae Mendig yn temtio Gardag i fentro i mewn i fyd gwaharddedig dynion gydag addewidion o ryfeddodau bortreadu brenhinoedd Lloegr yn ceisio hudo tywysogion Cymru gydag addewidion o gyfoeth. Yn y diwedd mae Teyrnig a Carleg yn ymladd gyda'i gilydd mewn math o ornest ganoloesol, pob un gyda'i ddau dyst. Dyma ddarlun o Gymru wedi'i rhwygo gan ei phobl ei hun a thra mae ei thywysogion yn ymladd ymhlith ei gilydd, mae'r Saeson yn cyrraedd ar ffurf y ffermwyr ac yn lladd y ddau ohonynt. Ar ôl marwolaeth Teyrnig mae Tostag, yr offeiriad, yn canu marwnad iddo.

Yn yr episod lle mae Gardag yn mynd i'r pentref, cais Bryan Martin Davies ddal o'r newydd naws 'nofel ffantasi i blant o bob oed', yn arbennig yn ei bortread doniol o'r ci ffroenuchel a thwp sy'n tywys Gardag a Mendig o gwmpas y lle. Mae'n bosibl cymharu'r olygfa pan wêl Gardag gar am y tro cyntaf â'r un gyda Toad yn *The Wind in the Willows*, ond achub Bryan Martin Davies y cyfle i gyflwyno pregeth fodern yn erbyn ceir. Mae'n amhosibl credu yn yr 'ias o oerni' y mae Gardag i fod i'w theimlo pan glyw am farwolaeth y ferch mewn damwain car ac yntau ei hun yn heliwr sy'n rhwygo ŵyn yn ddarnau. Ond mae'r awdur wedi crwydro'n bell o'i fwriadau gwreiddiol erbyn hyn. Mae'r rhan hon o'r nofel yn adlewyrchu thema sy'n gyffredin yn llenyddiaeth yr ugeinfed ganrif sef y frwydr rhwng temtasiynau a llygredd y trefi/dinasoedd drwg a dienaid ar y naill law a daioni, ysbrydolrwydd a naturioldeb cefn gwlad ar y llall. Ond yn y nofel hon mae'r pentref yn cynrychioli'r ddwy ochr: i'r llwynogod mae'n cynnwys temtasiynau a thechnoleg ddrwg megis ceir, ond mae Bryan Martin Davies yn ei ddefnyddio hefyd i ail-greu rhyw fath o gymdeithas ddelfrydol. Er na chyhoeddwyd y nofel tan y 1980au mae'r disgrifiad o'r merched yn eu hetiau blodeuog yn ymgasglu o gwmpas 'y gweinidog dryslyd'[40] a'r neuadd bentref y mae'r bobl ifanc yn mynd iddi i ddawnsio bob nos Fercher yn swnio'n debycach i olygfa o'r bedwaredd ganrif ar bymtheg nag un a berthyn i chwarter olaf yr ugeinfed ganrif. Mae'n atgoffa'r darllenydd o iwtopia Islwyn Ffowc Elis yn *Wythnos yng Nghymru Fydd* sy'n fwy dyledus i'r gorffennol nag i'r dyfodol. Ymddengys fod y gân ryfedd y mae Mendig yn ei chanu yn ymgais i uno'r byd modern â byd y chwedlau.[41]

Erbyn diwedd *Gardag* ni wna'r awdur fawr o ymdrech i guddio'i gymeriadau dan fasgiau llwynogod: dengys Gardag ei fod yn ymwybodol ei fod yn siarad â chynulleidfa ddynol gyda sylwadau megis 'dyna i chi gwpled annisgwyl i gadno ei wybod'[42] a 'dyna i chwi sylw annisgwyl arall oddi ar enau cadno drewllyd'.[43] Mae fel petai Bryan Martin Davies ei hun yn methu cymryd y stori o ddifri. Ac mae'n mynd gam yn bellach ac yn dechrau trafod pwysigrwydd yr iaith Gymraeg iddo ef a sut y mae'r Gymraeg yn rhan annatod o'i Gymreictod yn y bennod lle clywir Gardag yn disgrifio ei 'atgofion mewn iaith sydd mor llaith â llyngyren yn ymgordeddu yng ngholuddion gwlybion yr ymennydd'.[44] Ar ôl penderfynu rhoi'r gorau, fwy neu lai, i ysgrifennu stori o safbwynt llwynogod, mae'n gofyn y cwestiwn 'ond onid yw geiriau yn hen bethau diddorol?',[45] sy'n bwnc yr aeth awduron megis Angharad Tomos a Mihangel Morgan ati i'w drafod ymhellach yn *Titrwm* (1994) a *Melog* (1997). Mae Bryan Martin Davies yn gorfod dwyn ei nofel i ben trwy ddangos parhad llwyth Gardag neu, yn hytrach, parhad y Cymry. Defnyddia'r un geiriau ag Angharad Tomos, sef 'yma o hyd', ond yn achos nofel Bryan Martin Davies nid oes unrhyw amheuaeth am yr ystyr sef 'dal i fodoli', fel y mae'n ei esbonio yn y rhagair.[46] Felly er iddo geisio cyflwyno *genre* newydd i'r Cymry, cafodd Bryan Martin Davies ei garcharu gan hen draddodiadau llenyddiaeth Gymraeg.

O Wlad Fach (1991) gan Roger Stephens Jones

Nofel anthropomorffig Gymraeg fwyaf beiddgar a chwyldroadol yr ugeinfed ganrif, rhyw fath o gymysgedd o *The Wind in the Willows* ac *Animal Farm,* yw *O Wlad Fach* gan Roger Stephens Jones. Enillodd hanner Gwobr Goffa Daniel Owen ym 1989 ond croeso claear a gafodd gan ddau o feirniaid y gystadleuaeth: 'Anodd gwybod yn iawn beth i'w feddwl o ymgais *Rhos Ddu,* "O Wlad Fach...!"'[47] oedd sylw Islwyn Ffowc Elis a chyfeiriodd Marion Eames at '[l]awer o enghreifftiau eraill o ddisgrifiadau'n cael eu hymestyn allan hyd at ddiflastod'.[48] Er i'r trydydd beirniad, E. G. Millward, ddangos mwy o frwdfrydedd yn ei chylch, beirniadodd yntau'n hallt arddull a gwallau gramadegol yr awdur. Ni chyhoeddwyd y nofel tan 1991 ac mae'n amlwg bod y fersiwn terfynol yn dra gwahanol i'r un gwreiddiol a chafodd dderbyniad gwresocach o lawer gan John Rowlands sy'n dweud: 'Y tebyg yw y byddai'r fersiwn diwygiedig hwn wedi ennill Gwobr Goffa Daniel Owen yn ei chrynswth'.[49] Ond er bod llawer o bobl yn prynu pob llyfr buddugol yn ystod wythnos yr Eisteddfod Genedlaethol ei hun, nid ydynt o reidrwydd yn prynu'r un llyfrau ddwy flynedd yn ddiweddarach ac nid oes unrhyw sôn o gwbl ar gloriau *O Wlad Fach* i atgoffa'r darllenydd am y gystadleuaeth wreiddiol. Felly, er gwaethaf clod John Rowlands, roedd y niwed i'r *genre* wedi ei wneud ac, er i Roger Stephens Jones ysgrifennu dilyniant i *O Wlad Fach,* sef *I Wlad Fawr,* nid yw ei ail nofel gystal â'r un gyntaf ac nid oes unrhyw awdur arall wedi mentro i'r un maes dychanol.

Ar ôl dweud bod yna adlais o *The Wind in the Willows* yn *O Wlad Fach,* mae'n rhaid ychwanegu bod y tebygrwydd rhwng y ddwy'n fras iawn: mae Ffredi a'i ffrindiau, Gethin a Llew, yn mynd ar anturiaethau megis Toad, Ratty a Mole ac mae gan Ffredi'r un fath o bersonoliaeth ddi-ofn â Toad, a dyna'r cwbl. Mae *The Wind in the Willows* yn alegori mwyn ac ysbrydol mewn mannau, tra mae *O Wlad Fach* yn ddychan brathog sy'n llawn trais a chreulondeb. Ni chanolbwyntiodd llenyddiaeth Lloegr yr ugeinfed ganrif ar y sefyllfa wleidyddol rhwng Lloegr a Chymru ond daeth hon yn brif thema llawer o ffuglen Gymraeg, yn arbennig yn ail hanner y ganrif. Ac mae *O Wlad Fach* yn rhannu'r thema hon gyda *Gardag* er bod arddull ac agwedd yr ail yn llai ymosodol a llai gwenwynllyd na'r gyntaf. Er bod *The Wind in the Willows* a *Gardag* yn addas i blant, nid felly *O Wlad Fach*. Ei bwriad yn rhannol yw adlonni ond ymddengys mai ei phrif amcan yw ysgogi casineb hiliol tuag at y Saeson a gwna hynny mewn modd anghynnil. Mae synnwyr digrifwch yn chwarae rhan bwysig wrth benderfynu natur nofel; mae *The Wind in the Willows* yn gwenu'n fwyn a goddefgar ar wendidau'r anifeiliaid tra mae *Animal Farm* yn chwerthin yn chwerw am ben eu twpdra. Yn *The Plague Dogs* cwyd yr hiwmor o ddiniweidrwydd y cŵn ac yn *Gardag* ci'r pentref, gyda'i hunanbwysigrwydd dynol, yw prif ffynhonnell y digrifwch. Ond mae hiwmor *O Wlad Fach* yn ddu ac yn wawdlyd gan ymosod ar y chwilod du (y Saeson) am eu creulondeb difeddwl ac ar drigolion y llyn (y Cymry) am dderbyn y fath driniaeth heb ymladd yn ôl:

> 'Lost your homes, eh? What a pity! Still, you come with us to the work-camp and you'll soon settle in ... You work well, obey orders, and you'll have nothing to worry about! We'll take care of you, see.'[50]

Mae'r nofel yn gwneud defnydd helaeth o Saesneg, ac nid Saesneg safonol y byddai'n bosibl ei briodoli i unrhyw un sy'n siarad Saesneg chwaith, ond Saesneg bras sy'n perthyn i filwyr byddin Lloegr yn unig. Gwneir hwyl am ben y Cymry a gwneud ffyliaid ohonynt pan geisiant siarad Saesneg, megis Ffredi wrth Victor, brenin y chwilod du:

> '...and iff iw min to stê, as iw sê iw dw, wid expect iw to lern owr langwij. Ddats reit, isn tit, Nansi?'[51]

Mae hyn yn debyg i'r modd y gwnaeth Caradoc Evans i'w gymeriadau ymddangos yn hurt, er enghraifft, yn y dyfyniad hwn o *My People* (1915):

'Speak you with sense, wench fach,' Beca said to her daughter.

'Is not William Shinkins going to wed me then?' said Sara Jane.

'Glad am I to hear that,' said Simon. 'Say you to the boy bach:

"Come you to Penrhos on the Sabbath, little Shinkins."'

'Large gentleman is he,' said Sara Jane.[52]

Mae'n ddiddorol nodi na fyddai ysgrifennu nofel ddwyieithog yn gweithio yn y rhan fwyaf o ieithoedd heb yr angen i gyfieithu un o'r ieithoedd hynny. A phan eir ati i gyfieithu, collir chwerwder yr hiliaeth oherwydd fod rhannu iaith yn debyg i rannu teimladau, sy'n arwain at gyd-ddealltwriaeth.

Wrth ddewis broga i fod yn brif gymeriad, mae'r awdur yn rhoi agwedd gomig i'r stori'n syth. Nid oes unrhyw beth bygythiol ynglŷn â brogaod ac rydym yn eu cysylltu â phethau ysgafn megis pantomeimiau, yn arbennig yr un lle mae tywysog yn cael ei droi'n froga gan wrach ddrwg ac yntau'n troi'n dywysog drachefn pan rydd merch hardd gusan iddo. Hefyd, defnyddir brogaod mewn llawer o hysbysebion a chartwnau doniol ar y teledu ac mewn papurau newydd. Mae awduron sy'n dymuno i ni gydymdeimlo gyda'u hanifeiliaid yn dewis y rhai ciwt a mwythus megis cŵn, cwningod, gwaddod a llwynogod, mewn gair, anifeiliaid gyda blew gan amlaf. Mae'n ddiddorol sylwi ar y gwahanol rannau a chwaraeir gan Wil Cwac Cwac a Siôn Blewyn Coch yn *Llyfr Mawr y Plant*: mae'r hwyaden fach, ddoniol yn arwain ei darllenwyr ifainc i fyd ffantasi tra dengys y llwynog cyfrwys greulondeb ac ansicrwydd y byd gwirioneddol iddynt, yn y modd y mae'n gorfod peryglu ei fywyd a lladd cywion y ffermwr er mwyn goroesi. Ceisiodd Bryan Martin Davies ysgrifennu nofel 'ddifrifol' o safbwynt anifeiliaid ond mae

144

Roger Stephens Jones wedi creu stribed cartŵn o natur nid annhebyg i *Garfield*, y gath wybodus, a ddarlunnir gan Jim Davis. Mae'r un ar ddeg o frasluniau gan John Stephens Jones sy'n britho'r nofel a dyfeisiau cywrain sydd wedi eu dwyn a'u haddasu o'r byd dynol megis 'soffa foethus-frown' a 'ffôn-hydra' Ffredi[53] yn cryfhau'r argraff hon.

Ar ddechrau'r nofel ymddengys Ffredi fel math o Toad Cymraeg yn syth allan o *The Wind in the Willows*: mae'n ei weld ei hun fel yr arwr mawr ac mae'n tueddu i orliwio ei gampau o ganlyniad. Cydnebydd ei wendidau'n aml ond mae'n dychwelyd atynt cyn pen dim. Megis Toad, mae'n ddyfeisgar ac yn hael a chybyddlyd gyda'i ffrindiau bob yn ail. Ond nid yw'r ddelwedd ddiniwed hon yn para'n hir cyn i Ffredi ddangos ei ochr 'ddynol' pan yw'n dioddef gyda phen mawr ac yn dweud 'doedd dyn, oedd yn ddyn go-iawn, byth yn gwrthod diod'.[54] Mae Marion Eames yn ei ddisgrifio fel 'rhyw fath o wrth-arwr'[55] ac mae'n wir ei fod yn rhy hoff o ddiota, mercheta a defnyddio trais i fod yn arwr Cymraeg traddodiadol. Gethin, y gelen, yw gwir arwr y stori oherwydd ei fod yn trechu ei ofn ei hun er mwyn mynd gyda Ffredi i mewn i gadarnle'r chwilod du. Ef hefyd yw'r cyntaf i ddangos cydymdeimlad tuag at ei elynion yn ei gyfeillgarwch gydag Albert. Felly cynrychiola Gethin yr heddychwr Cymraeg traddodiadol. Ond mae'n rhaid cofio nad chwilen ddu mo Albert, hynny yw, nid Sais mohono, ond chwilen ddŵr ac mae chwilod dŵr yn siarad Cymraeg a Saesneg ac yn cynrychioli'r Cymry a gefnogodd frenhinoedd Lloegr yn eu hymgyrchoedd yng Nghymru. Dau glown yw Gethin ac Albert ond, megis clowniaid Shakespeare, maent yn gallach na gweddill y cymeriadau. Ond mae gan Gethin y llinellau comig gorau hefyd sy'n deillio o'r ffaith ei fod yn rhannu atgofion y bobl y mae wedi sugno eu gwaed. Defnyddia Roger Stephens Jones yr hiwmor hwn i leddfu'r sefyllfa pan yw'n mynd yn rhy hiliol a threisgar. Mae'r trais eithafol y mae'r chwilod du yn ei ddefnyddio yn erbyn creaduriaid y llyn yn gymysgedd o Natsïaeth a Goresgyniad y Rhufeiniaid ac, ar ôl un ymgyrch arbennig o greulon, mae'r awdur yn gwneud i Gethin ddweud nad yw'n deall beth yw'r cysylltiad rhwng 'gorilas'[56] a rhyfela.

Ond nid yw'r fflachiadau hyn o ddigrifwch yn ddigon i guddio hiliaeth gynhenid y nofel.

Er bod gwrthdaro rhwng y chwilod du a chreaduriaid y llyn yn brif thema'r nofel, mae'n cynnwys agweddau eraill. Stori garu 'draddodiadol' yw hi, er bod y cariadon yn froga a madfall, ac yn y diwedd mae'r arwr yn achub y ferch o grafangau'r dyn drwg ac maent yn byw'n hapus byth wedyn. Ond mae Roger Stephens Jones yn manteisio ar y gwahaniaeth yn eu rhywogaethau i ddychanu ymddygiad a defodau dynol. Mae Nansi'n falch o'i threftadaeth a defodau madfallod ac mae hi'n meddwl am frogaod fel creaduriaid ansoffistigedig, rhywbeth sy'n digio Ffredi sy'n ei weld ei hun yn soffistigedig tu hwnt. Ond yn y diwedd mae ef yn mabwysiadu ei defodau hi er mwyn ei phlesio. Efallai fod yma ddwy neges: bydd merched yn cael eu ffordd eu hunain yn y pen draw, ond yn fwy difrifol, dylai pobl fod yn barod i barchu arferion pobloedd eraill a bod yn barod i newid eu ffyrdd eu hunain. Felly, er gwaethaf hiliaeth y nofel, mae'n cloi ar nodyn optimistaidd gan awgrymu ei bod hi'n bosibl goresgyn gwahaniaethau a'r cam cyntaf tuag at hynny yw cydymdeimlad a pharch.

Mae dylanwad y *Mabinogi* ar freuddwyd neu weledigaeth Ffredi lle mae'n gweld castell hud a Nansi'n garcharor ynddo. Mae'n debyg i Bwyll yn ei gael ei hun y tu mewn i balas Arawn, a'r ffaith fod y castell ar yr ochr arall i afon fawr yn awgrymu byd arall neu, efallai, Iwerddon, fel yn yr Ail Gainc. Wedyn daw gwas y neidr i gario Ffredi i'r palas sy'n atgoffa'r darllenwr o gosb Rhiannon yn y Gainc Gyntaf. Mae arddull yr ysgrifennu yn newid hefyd i arddull Fabinogaidd wrth i Ffredi '[f]ynd i mewn i'r neuadd fwyaf a thecaf a welodd y byd erioed'.[57] Yn dilyn y darn hwn mae'r castell yn troi'n hanesyddol fel un o gestyll meibion Owain Gwynedd a ddinistriwyd gan Edward I o Loegr. Ond mae'r olygfa'n newid eto pan ydym yn cwrdd â dau ifanc sy'n cynrychioli'r byd modern gyda'u sôn am '[r]ieni, gwres, jobsys a chwilod du'.[58] Saif Ffredi, fel Pwyll, rhwng y gwahanol fydoedd, a'i gartref yn pontio'r ffiniau rhyngddynt. Arferai pobl yn yr Oesoedd Tywyll feddwl bod uffern yn lle gwirioneddol dan wyneb y ddaear ond yn y nofel hon mae yna dri byd: un ar y ddaear, un oddi tanodd a byd y dŵr yn y canol.

Dengys y darn hwn fod Roger Stephens Jones, megis Bryan Martin Davies a llawer o awduron Cymraeg eraill, yn awyddus i gynnwys amrywiaeth o syniadau yn eu nofelau, efallai gormod o syniadau, sy'n tueddu i gymhlethu'r sefyllfa. Yn achos *O Wlad Fach* rhydd hyn yr argraff, fel y dywedodd Islwyn Ffowc Elis, fod y stori'n '[t]yfu o bennod i bennod'.[59] Ond mae'n awgrymu hefyd fod awduron Cymraeg yn meddwl bod arnynt ryw ddyletswydd i gynnwys penodau 'Mabinogaidd' a 'hanesyddol' yn eu nofelau er mor ddiangen i'r stori ydynt yn aml; mae'n rhaid cadw'r chwedlau'n fyw. Yn ei adolygiad mae'n amlwg bod John Rowlands yn ystyried y stori'n un ysgafn sy'n awgrymu un heb fawr o werth llenyddol iddi: 'nofel i'w mwynhau' meddai ef, ond mae'n bosibl bod yna ddyfroedd dyfnach yn llyn Ffredi, fel petai.

I Wlad Fawr (1994) gan Roger Stephens Jones

Dychan gwleidyddol yw *O Wlad Fach*, ond er bod Roger Stephens Jones yn ceisio cadw at yr un agwedd ddoniol-ddychanol yn *I Wlad Fawr*, yn arbennig yn hanner cyntaf y nofel, mae'n troi fwyfwy yn alegori grefyddol ganoloesol. Y tro hwn mae byd Ffredi yn cwrdd â byd dynion ac mae ef a'i ffrind dynol, Pot, yn mynd ar daith gorfforol ac ysbrydol. Ac yn ystod y daith hon mae'r ddau'n cael eu temtio gan bleserau corfforol llygredig y byd ond, yn y diwedd, maent yn darganfod eu hiachawdwriaeth gyda'u gwragedd a'u teuluoedd. Teg edrych tuag adref yw neges waelodol y diweddglo ac rydym yn ôl bron ym myd *Hen Ffrindiau* a 'Teulu Mari': awgrymir bod gan bawb ei le penodedig yn y byd ac y dylai pawb fod yn fodlon ar y lle hwnnw a chadw ato.

Fel yn achos *O Wlad Fach*, mae penodau agoriadol *I Wlad Fawr* yn gweithio'n dda gyda'u dychan doniol ar orselogrwydd a biwrocratiaeth y gwasanaeth sifil Prydeinig. Ac mae yna eiliadau athrylithgar, megis y ffordd y dysgodd Myrdal, lluosfiliwnydd a chymwynaswr Ffredi, am gampau'r broga: fe'i brathwyd gan Gethin y gelen ond oherwydd ei fod mor sur, poerodd Gethin ei waed yn ôl, a thrwy hyn trosglwyddwyd atgofion Gethin i Myrdal. Ond nid dyfais glyfar i esbonio'r berthynas rhwng Myrdal a Ffredi mo hon yn unig: mae'r ffaith fod arian wedi suro gwaed Myrdal yn dangos hefyd mor llygredig yw arian.

Ond, yn raddol, mae'r cymeriadau dynol yn cymryd drosodd yn y stori: er bod Ffredi'n arwr mawr yn *O Wlad Fawr*, nid yw ond pysgodyn bach mewn môr mawr yn y stori hon a chanolbwyntir fwyfwy ar hanes Pot. Dengys hyn y perygl o gymysgu'r byd dynol â'r byd anthropomorffig yn ormodol: megis yn *Hen Ffrinidau,* mae'r anifeiliaid yn colli eu pwysigrwydd. Cyll Ffredi ei bersonoliaeth ddynamig *d'Artagnan*-aidd, ond mae'n anodd parhau'n arwrol pan ydych tua phedair moddfedd o hyd ac yn gorfod byw mewn dŵr tra mae pawb o'ch cwmpas dros bum troedfedd o daldra ac yn meddwl eich bod yn ddol tafleisiwr. Er bod rhai pobl yn y stori'n derbyn bod Ffredi'n gallu llefaru – er enghraifft, y butain sy'n dod â broga benywaidd i demtio Ffredi - nid yw Ffredi'n ymuno â'r byd dynol yn esmwyth. Mae'n anodd dweud beth yw agwedd Roger Stephens Jones at bechodau'r cnawd: er bod Ffredi a Pot yn ildio i demtasiwn nid ydynt yn cael fawr o gerydd am hyn. Mae'r nofel yn canolbwyntio ar beryglon arian yn hytrach na phechodau'r cnawd.

Dechreua'r stori golli ei ffordd pan â Ffredi a Pot ar daith ar draws Canada, sy'n dipyn o deithlun *à la* Paul Théroux. Wedyn maent yn mynd i weld y gweledydd Indiaidd am gyngor sy'n adlewyrchu *Y Blaned Dirion* a'r olygfa pan yw criw'r llong ofod yn gofyn cyngor gan yr Indiaid. Hefyd mae'n gwneud hwyl am ben y rhai a geisiodd brofi mai un o ddisgynyddion Madog, mab honedig i Owain Gwynedd yn y ddeuddegfed ganrif, oedd yr Indiaid Mandan ar sail ambell debygrwydd rhwng eu hiaith a'r Gymraeg. Â Ffredi a'r gweledydd i mewn i'r goedwig lle mae Ffredi yn cwrdd â'r anghenfil, Windigo, a'r arth, Mascwa. Mae

Roger Stephens Jones yn ceisio creu arallfyd hudol megis yn *The Wind in the Willows* lle mae Rat a Mole yn cwrdd â Pan, ac yn *Gardag* pan yw Tostag yn marw. Ond nid yw'r broga doniol a dychanol yn perthyn i'r byd hwn. Mae Mole a Rat yn cael eu codi'n ysbrydol i fyd arall pan glywant gerddoriaeth yr oesoedd[60] ond, oherwydd natur Ffredi, nid yw'r un olygfa pan 'ymgollodd [anifeiliaid y goedwig] yn y ddawns-gân dragwyddol'[61] yn gweithio cystal. Dilynwyd y cyfarfod hwn, sy'n pwysleisio ysbrydolrwydd a diniweidrwydd natur, gan bennod ryfedd lle darlunnir aelodau o amryw eglwysi'n dod i wawdio Ffredi. Unwaith eto, mae'r neges a'r rhybudd yn amlwg: mae dynion wedi penderfynu cefnu ar natur a llygru crefydd er eu dibenion eu hunain. Ond daw Ffredi a Pot o hyd i'w hiachawdwriaeth yn y pethau mwyaf naturiol, sef eu teuluoedd.

Yn y nofel hon mae Roger Stephens Jones wedi cymryd cam yn ôl. Roedd *O Wlad Fach* yn ymgais i gyflwyno'r *genre* anthropomorffig mewn arddull ddychanol a chartwnaidd i lenyddiaeth Gymraeg. Er iddi gynnwys llawer o'r hen themâu traddodiadol, roedd yna rywbeth ffres ac arloesol yng nghymeriad Ffredi. Ond mae hyn wedi diflannu yn *I Wlad Fawr* sy'n troi'n ôl at yr hen ddull o draethu pregeth. Dywed John Rowlands am *O Wlad Fach* '[nad] pregeth mo'r nofel',[62] ond nes ati yw disgrifiad Marcel Williams o gyfrinach yr awdur yn *I Wlad Fawr* sef ei 'allu i draddodi pregeth trwy gyfrwng gwên'.[63] Efallai mai rhan o'r broblem yw ceisio defnyddio *genre* newydd er mwyn cyflwyno hen neges: onid oes angen neges newydd ar gyfer *genre* newydd?

'Yr Aderyn' a 'Ci Du', *Cathod a Chŵn* (2000) gan Mihangel Morgan

Awdur arloesol ei gyfraniad i lenyddiaeth Gymraeg yw Mihangel Morgan ac er nad yw wedi ysgrifennu nofel anthropomorffig mae'n defnyddio anifeiliaid dynolaidd mewn dwy stori fer yn ei gyfrol *Cathod a Chŵn*. Er na all yr anifeiliaid yn 'Yr Aderyn' a 'Ci Du' lefaru, ymddengys eu bod yn hunanymwybodol ac mae ganddynt y gallu i resymu. Ychydig dros ddwy dudalen yn unig yw 'Yr Aderyn', sy'n stori swrrealaidd. Ni newidia llais niwtral yr adroddwr, hyd yn oed pan yw'r aderyn yn ei fwyta fesul tipyn, nes iddo dynnu'i lygaid. Ac nid oes unrhyw awgrym o syndod yn ei dôn pan ddywed wrth y darllenydd fod yr aderyn dros chwe throedfedd o daldra ac wedi mynd i mewn i'r tŷ trwy ffyrdd anhysbys. Er y ffaith amlwg ei fod ar drugaredd yr aderyn mae'r adroddwr yn parhau i'w weld ei hun yn uwchraddol iddo oherwydd ei allu i lefaru: 'Wel doedd neb i'w feio ond y fi, ni allwn feio creadur heb iaith.'[64] Felly mae'n eironig mai'r peth olaf y mae'r aderyn yn ei ddwyn yw ei dafod. Dyma fodd ôl-fodernaidd Mihangel Morgan o gyfleu'r frwydr rhwng dyn a'i dechnoleg fodern a natur. Yn bennaf oherwydd ei gyflawni gwyddonol a thechnolegol mae dyn wedi dod i'w ystyried ei hun yn uwch na natur ond dengys Mihangel Morgan ei fod yn cytuno gyda'r rhan fwyaf o lenorion, sy'n meddwl y bydd dyn yn colli yn y frwydr derfynol. Fel arfer, mewn straeon anthropomorffig, pobl yw'r anifeiliaid ond yn y stori hon mae'r aderyn yn cynrychioli natur.

Yn 'Ci Du' mae'r ddau gi'n personoli syniadau haniaethol: henaint sy'n ofni diwedd ei fywyd yw Mostyn, tra cynrychiola'r ci du farwolaeth yn yr un modd â'r ci yn y ffilm *The Omen* (1979) neu *The Hound of the Baskervilles* (1902) gan Arthur Conan Doyle. Mae gan Mostyn yr un agwedd at Tim ag sydd gan Ned y ci at Mari yn 'Teulu Mari': 'iddo ef roedd Tim yn deulu ac yn dduw'.[65] A dywed Ned yn stori Kate Roberts: 'Chi ydw i'n addoli, Mari'.[66] Mae Mihangel Morgan yn personoli'r ci du trwy ei olwg wynebol ddynol: 'Cysgod oedd e, ar wahân i'w ddannedd gloyw a oedd fel pe baent yn gwenu'n wawdlyd.'[67] Ond nid personoli marwolaeth yn unig a wna'r ci du; ymddengys ei fod hefyd yn cynnig ail gyfle i Tim pan ganiatâ iddo ei fabwysiadu ar ôl i Mostyn farw. Ond, yn ystod y nos mae'n tyrchu o'r bedd gorff Mostyn a'i roi yng ngwely Tim megis pen y ceffyl yn *The Godfather* (1972). Er bod hyn yn ymddangos yn greulon, ei fwriad yw rhwystro Tim rhag llithro'n ôl i rigol unigrwydd a methiant y bu'n trigo ynddi am flynyddoedd. Ymddengys fod y

cŵn yn cynrychioli parhad bywyd a chylch tragwyddol geni a
marw: mae Mostyn yn marw ond mae bywyd yn parhau yn y ci
du, sy'n symbol o farwolaeth a bywyd newydd.

Nodiadau

1   Chris Baldick, *The Concise Oxford Dictionary of Literary Terms*
    (Oxford: Oxford University Press, 1990), 166.
2   J.A. Cuddon, *The Penguin Dictionary of Literary Terms and Literary
    Theory* (London: Penguin, 1999), 661.
3   Wedi'i gyfieithu o'r Saesneg, *The Pilgrim's Progress* (1678), gan Thomas
    Jones yn 1699.
4   Peter Green, yn Kenneth Grahame, *The Wind in the Willows* (Oxford:
    Oxford University Press, 1983).
5   Wedi'u cyfieithu gan Selyf Roberts o'r Saesneg: *Alice's Adventures in
    Wonderland* (1865) a *Through the Looking Glass* (1872) gan Lewis
    Carroll.
6   Cyhoeddwyd yn wreiddiol yn Wrecsam mewn pedair cyfrol, 1931,
    1939, 1949, 1975.
7   Kenneth Grahame, *The Wind in the Willows*, 18-19.
8   *The Wind in the Willows*, clawr ôl.
9   *The Wind in the Willows*, viii.
10 Ibid., 43.
11 Ibid., 45.
12 Katharine Kerr, *Daggerspell* (1988), *Darkspell* (1988), *Dawnspell* (1989),
    Dragonspell (1990), *A Time of Exile* (1991), *A Time of Omens* (1992),
    A Time of War (1993), *A Time of Justice* (1994), *The Red Wyvern*
    (1997), *The Black Raven* (1999), *The Fire Dragon* (2000).
13 'Branwen ferch Llŷr', *Y Mabinogion*, diweddariad gan Dafydd a
    Rhiannon Ifans (Llandysul: Gwasg Gomer, 1995), 37.
14 *The Wind in the Willows*, 77.
15 Edward Tegla Davies, *Hen Ffrindiau* (Wrecsam: Hughes a'i Fab, 1927),
    9.
16 *Hen Ffrindiau*, 18.
17 Ibid., 29.
18 Ibid., 57.
19 Ibid., 58.
20 Ibid., 69.
21 E. Tegla Davies, 'Yr Epaddyn Rhyfedd', *Y Llwybr Arian a Storïau Eraill*
    (Wrecsam: Hughes a'i Fab, 1934), 131-2.
22 'Yr Epaddyn Rhyfedd', 138.
23 Ibid., 140.

24 Pennar Davies, *E. Tegla Davies* (Cardiff: University of Wales Press, 1983), 74.
25 'Yr Epaddyn Rhyfedd', 141.
26 Ibid., 141.
27 Pennar Davies, 'Tabendra', *Llais y Durtur* (Llandysul: Gwasg Gomer, 1985), 89-109.
28 Derec Llwyd Morgan, *Kate Roberts* (Cardiff: University of Wales Press, 1991), 58.
29 'Teulu Mari', *Hyn o Fyd* (Dinbych: Gwasg Gee, 1964), 8.
30 Ibid., 8.
31 Ibid., 43.
32 Ibid., 43.
33 Ibid., 38.
34 Bryan Martin Davies, *Gardag* (Llandybïe: Christopher Davies, 1988), 44.
35 Robin Williams, adolygiad ar *Gardag*, *Llais Llyfrau* (Gwanwyn 1989), 18.
36 Bryan Martin Davies, 'Gwinllan a Roddwyd i'm Gofal', *Darluniau ar Gynfas a Cherddi Eraill* (Llandysul: Gwasg Gomer, 1970), 29-43.
37 *Gardag*, 15.
38 Ibid., 31.
39 Ibid., 31.
40 Ibid., 65.
41 Ibid., 69.
42 Ibid., 70.
43 Ibid., 74.
44 Ibid., 85.
45 Ibid., 87.
46 Ibid., 13.
47 Islwyn Ffowc Elis, 'Gwobr Goffa Daniel Owen', yn J. Elwyn Hughes (gol.), *Cyfansoddiadau a Beirniadaethau Eisteddfod Genedlaethol Dyffryn Conwy a'r Cyffiniau 1989* (Llandysul: Gwasg Gomer dros Lys yr Eisteddfod Genedlaethol, 1989), 92.
48 Marion Eames, ibid., 96.
49 John Rowlands, adolygiad ar *O Wlad Fach*, *Llais Llyfrau* (Hydref 1991), 18.
50 Roger Stephens Jones, *O Wlad Fach* (Caernarfon: Gwasg Gwynedd, 1991), 58.
51 *O Wlad Fach*, 98.
52 Caradoc Evans, 'The Way of the Earth', *My People* (Bridgend: Seren Books, 1987), 68.
53 *O Wlad Fach*, 15.
54 Ibid., 15.
55 Marion Eames, *Cyfansoddiadau a Beirniadaethau Eisteddfod Genedlaethol Dyffryn Conwy a'r Cyffiniau 1989*, 96.
56 *O Wlad Fach*, 107.
57 Ibid., 67.

58 Ibid., 70.
59 Islwyn Ffowc Elis, *Cyfansoddiadau a Beirniadaethau Eisteddfod Genedlaethol Dyffryn Conwy a'r Cyffiniau 1989*, 93.
60 *The Wind in the Willows*, 79-80.
61 Roger Stephens Jones, *I Wlad Fawr* (Caernarfon: Gwasg Gwynedd, 1994), 133.
62 John Rowlands, adolygiad ar *O Wlad Fach, Llais Llyfrau*, 18.
63 Marcel Williams, adolygiad ar *I Wlad Fawr, Taliesin*, 90 (Haf 1995), 122.
64 Mihangel Morgan, 'Yr Aderyn', *Cathod a Chŵn* (Talybont: Y Lolfa, 2000), 175.
65 Mihangel Morgan, 'Ci Du', *Cathod a Chŵn*, 194.
66 'Teulu Mari', *Hyn o Fyd*, 8.
67 'Ci Du', 198.